译文经典

分裂的西方

Der gespaltene Westen

Jürgen Habermas

〔德〕尤尔根·哈贝马斯 著

郁喆隽 译

上海译文出版社

译者序

战斧式巡航导弹在漫漫夜色中腾空而起，照亮了军舰的甲板和舰桥。尾焰明亮而刺眼，伴随着并不激烈的呲呲声，扶摇直上，划出一道曼妙而危险的弧线，向黑暗的远方飞去……2017年4月7日凌晨4点40分，美国海军第六舰队的驱逐舰在地中海向叙利亚霍姆斯省沙伊拉特空军基地发射了59枚战斧式巡航导弹。在电视新闻的画面上，这一切似曾相识。

1991年1月16日，第一次海湾战争以这种方式开始；2003年3月20日，第二次海湾战争再次以同样的方式开始。夜空中，"战斧"的尾焰已经刻入一代人的记忆。笔者在即将完成本书的翻译时，产生了一种往昔重来（dejavu）的感觉。一系列"大问题"难以抑制地涌上心头——二战之后的和平会终结吗？人类的未来会更好吗？于是我不禁想在《分裂的西方》中寻求答案。

在哈贝马斯看来，毫无疑问，这种不对称武力打击背后隐藏的是以美国为代表的单边主义霸权。最近几十年里，美国依靠全球定位系统、快速部署能力、隐形战机、侦查打击一体的无人机等技术代差优势,似乎已在不少国际事务领域获得了"为所欲为"的能力。然而,哈贝马斯也看到了西方世界蕴藏着的另一种惊人的力量。2003年2月15日,全球600多个城市几乎同时爆发了反对美国入侵伊拉克(第二次海湾战争)的游行。据BBC估计,15、16日两天在全球范围内有800万到1 300万人参与了这次抗议,有媒体称之为"人类有史以来规模最大的示威"。其中,罗马的示威活动有超过300万人参加,这一数字甚至被收入吉尼斯世界纪录;马德里则有超过150万人参加。2003年2月17日,《纽约时报》刊载了派屈克·泰勒(Patrick Tyler)的一篇报道,名为《威胁与回应:街头新势力》[①]。文中写道,这显示了地球上有两种超级力量,一种是美国,一种是全世界的公众舆论。此语无意中契合了哈贝马斯这本书的标题——"分裂的西方"。那么,这种分裂仅仅是以大西洋为界,发生在欧洲和美国之间,还是在预示一种更为复杂、深刻的分裂呢?

哈贝马斯意识到,这种分裂的断层线贯穿了多个层面。在欧洲内部,欧盟的创始成员国和新加入的(准)成员国之间存在明显的"速度差",德国和波兰的心态差异可以视为这一裂隙的例证。因此,如何超越单个民族国家形成某种

---

① *Threats and Responses*; *News Analysis*; *A New Power In the Streets*.

"欧洲认同",在哈贝马斯看来是欧洲的迫切任务。在冷峻的观察中,哈贝马斯还保持着一种清醒的悲观,他认为:"对未来欧洲抽象的、不遗余力的'愿景'不会从天而降。今天,它只能从走投无路的不安中诞生。"

此外,欧洲大陆国家和盎格鲁-撒克逊国家之间存在另一条裂痕。甚至可以说,在美国内部也存在一条裂痕,即历史上的威尔逊主义和小布什政府所代表的霸权单边主义。在哈贝马斯看来,小布什政府采取的单边主义背后是一种典型的政治哲学立场,即在国际正义问题上用一个国家和民族的道德与伦理来代替积极权利,于是不可避免地陷入了老帝国错误的普遍主义之中。因为布什认为"'我们的'价值就是普遍有效的价值,它们应当被所有其他民族出于自身利益考虑而接受"。这种错误的普遍主义扩展为一种普遍的种族中心论。

为何会出现分裂?从浅表层面的外交实践看,这种分裂无疑是现实政治和理想政治相互冲突的结果。哈贝马斯并没有简单地将目光停留在政治或意识形态层面,而是揭示出了生活方式层面的原因。在他看来,传统生活方式剧烈的"断根化"(Entwurzelung)和随之而来的恐惧是分裂的原因之一,他认为:"在剧烈加速的现代化进程中,人民与其文化传统发生了撕裂。在欧洲,有幸的是在有利的条件下,这表现为一个创造性的摧毁过程,在其他国家却展现为既往生活方式解体，而且在几代人中都没有可能的补充方式。"

出现分裂的不仅是西方，而是整个世界。地球上几乎每个国家的内部都隐藏了一条分裂带，要么是种族，要么是信仰，要么是意识形态……对此，哈贝马斯的立场是清晰而坚定的：要彻底地反对单边主义的霸权，绝对不能采用另一种单边主义的特殊立场，即不能用任何民族、国家的一己私利来替代整个人类的福祉，也不能将单个国家的道德标准上升为人类普遍的法则。在他看来，走出目前困境的途径只有国际法的宪法化。在这一点上，哈贝马斯坦承他是康德的继承人。然而讽刺的是，一些自称为左翼知识分子的人在很大程度上已经放弃了往日的国际主义，退入了孤芳自赏和自鸣得意的国族框架之内。

如何走出这种分裂状态？对于最为清醒和现实的政治家而言，在分清敌友之后可以做些什么？在"永久战争"之后，我们还能希望什么，难道是下一场战争和"坟场的和平"（康德语）？哈贝马斯在卡尔·施米特（Carl Schmitt）和康德之间，毫不犹豫地选择了康德。在《分裂的西方》一书中，他的基本观点是从古典国际法向康德所构想的"世界公民状况"进发。此外，哈贝马斯还看到另一种威胁，即超级大国将一个国家、一个民族的伦理原则不加反思地运用甚至强制推广到世界政治之中。他认为，只有坚持国际关系的法律化，才是人类的出路。而康德"从一开始就将民族之间的和平理解为法律和平",指出"世界公民状态就是持久的和平状态。世界公民宪法的理念,确保了'所有民族在公共法律之下的联合',意味着一种'真正的'、最终的而不仅仅是暂时的和平状态"。就其具体目标而言,"规范国家间交往的国际法,必须被一部诸国共同体的宪法所取代",即要完成从国家法到世界公民法的过渡。对此,康德诉诸三个要素:共和主义、世界贸易和世界公共领域。在哈贝马斯看来,20世纪的历史进程已经极大地推动了前两个要素,而全世界各大城市在2003年2月的游行恰是全球公共领域的一个象征。他清醒地意识到,康德计划并非要建立一个世界共和国或者世界政府,或者说实现一种"世界公民状态"的抽象条件,也不仅仅是在全球范围内放大宪法国家就能完成的。因此,在实际操作层面,必须在现有基础上加强联合国的作用,以完成维护和平与人权的使命。哈贝马斯号召进一步深化联合国的机构改革,赋予联合国更大的干预权,同时要求限制常任理事国的否决权。

当然,哈贝马斯也毫不留情地指出了康德的时代局限性,例如对文化差异缺乏敏感,不了解民族主义的爆炸性力量,持欧洲中心论,具有优越感等。在对国际法历史进行详细梳理的基础上,哈贝马斯标记了康德计划的里程碑——国际联盟的建立和联合国的成立。

《分裂的西方》一书包含了哈贝马斯对自己以往理论

的补充和修正。他意识到，交往行为理论的前提是更为敏感和脆弱的。他承认"日常共存的实践建立在一个共同的背景信念、文化自明性和相互预期的基础之上"，但这种实践会"因为交往障碍、误解和不理解、不真诚及误导而产生冲突"。基于这样的判断，哈贝马斯提出西方政治必须学会修正自身，还要学会在面对其他文化时如何呈现自我，后者尤为根本。受20世纪语言哲学的影响，哈贝马斯依然将希望寄托于交往（Diskurs）。他认为，单边视角对于完成上述任务是无益的，我们只有在对话中才能获得第一人称和第二人称视角转换的能力。也只有"在这种彼此视角接受的活动中合作，才能产生出一种共同的阐释视域"，进而才能在该视域中建立起一种交互主体的共有解释。

进入21世纪，世界格局的深刻变化引发了一系列新问题，其中全球范围内的恐怖主义最令人忧心忡忡。哈贝马斯提出，（宗教）原教旨主义本身乃是断根现代化的产物。此外，"国家间战争的经典手段和一个以单边主义行事的超级大国的军事优势，显然都不能有效地对抗国际恐怖主义的威胁"，因为我们并不清楚敌人是谁，敌人在哪里，单纯的武力打击只能在恐怖袭击之后进行。在哈贝马斯看来，"只有社会现代化和文化间自我批判式理解的结合，才能触及恐怖主义的根源"。

本书共收录了 8 篇论文，分为 4 个部分：第一部分"9·11 之后"，第二部分"各民族复调中的欧洲声音"；第三部分"举目乱世"；第四部分"康德计划和分裂的西方"。

译著在如今的学术体系中算不上什么"学术成果"，此中冷暖自知。在过去一年多的时间里，于日常科研和教学之间每天挤出一点时间来翻译此书，也算为自己找到了一片可以潜心学问的世外桃源。本书涵盖了从国际法、政治哲学到欧洲、美国历史、外交、军事等众多领域，并涉及当代诸多时事与人物。必须坦陈，本人学力有限，翻译过程中难免出现一些误译。此外，译者在追求"信"的同时，可能"雅"的方面难免有所欠缺，敬请读者不吝指正。

郁喆隽
2018 年 1 月

目　录

前　言 ………………………………… 001

第一部分　"9·11"之后

第一章　原教旨主义与恐怖 …………… 003
第二章　雕像倒下意味着什么? ………… 030

第二部分　各民族复调中的欧洲声音

第三章　二月十五日（又名：是什么将
　　　　欧洲人联系在一起）? ………… 043
第四章　核心欧洲的对抗力量? 再度追问
　　　　 ………………………………… 054
第五章　德国—波兰的心理状态 ………… 063
第六章　建立一种欧洲认同有必要和
　　　　可能吗? ………………… 074

第三部分 举目乱世

第七章 关于战争与和平的访谈⋯⋯⋯⋯ 093

第四部分 康德计划和分裂的西方

第八章 国际法的宪法化还有机会吗?
⋯⋯⋯⋯⋯⋯⋯⋯⋯⋯⋯⋯ 127

目录 ⋯⋯⋯⋯⋯⋯⋯⋯⋯⋯ 127

导论 ⋯⋯⋯⋯⋯⋯⋯⋯⋯⋯ 129

第一节 以政治方式组织起来的世界社会 vs.世界共和国 ⋯⋯⋯ 133

第二节 国际法的宪法化还是自由的超级大国伦理 ⋯⋯⋯⋯ 166

第三节 一种新世界秩序的替代性愿景 ⋯⋯⋯⋯⋯⋯⋯⋯ 204

说明 ⋯⋯⋯⋯⋯⋯⋯⋯⋯⋯⋯⋯ 222
名称/人名对照 ⋯⋯⋯⋯⋯⋯⋯⋯⋯ 223

前 言

分裂西方的并不是国际恐怖主义,而是现今美国政府的政策。[美国的]这些政策置国际法于不顾,视联合国为无物,并不惜承担与欧洲决裂的后果。

康德计划要消除国家之间的自然状态,其主旨并不在于表面的政治目标,而在于努力将人类带入文明。但是该计划正面临危险。本书中的同名文章①将要揭示这一点。

这条裂痕已经贯穿了欧洲,也贯穿了美国自身。它在欧洲让一些人感到不安。这些人一生都认同美国的良好传统,例如1800年前后政治启蒙的根基、实用主义的丰富源流以及1945年之后回归的国际主义。

在德国,对这些传统的放弃好像是一种测试。如今,自阿登纳②以来德国就已经存在的西方导向分解为两个方面:一方面,欧洲在冷战中处于(美国的)核保护之下,学会了采取机会主义策略适应其霸权;另一方面,在知识和文化上认同西方文化的原则及基本信念,自由的德国的规范性自我认识也要归功于这一点。

我要提醒大家注意这种差异。对国际法宪法化的研究，给了我一个契机将一些已经发表的文章结集出版。这些文章都是旨在探讨欧洲一体化问题的。

尤尔根·哈贝马斯
2004年1月于施塔恩贝格

---

① 指本书的最后一部分《康德计划和分裂的西方》——译者
② 联邦德国首任总理。——译者

第一部分

"9·11"之后

第一章　原教旨主义与恐怖

问：我们现在习惯性称为"9·11"的事件，在您看来，也是一个"史无前例"的，并且彻底改变了我们自我认知的事件吗？①

哈贝马斯（以下简称哈）：首先我要说明的是，在我回答你问题的这一刻，"9·11"事件已经过去3个月了。或许我来谈谈自己的经验会更好。10月份以来，我再次在曼哈顿待了大约两个月时间。我必须承认，30多年来，这个城市一直让我着迷，但我此次感觉这个"20世纪的首都"比以往更为陌生。这不仅是因为[这里]国旗飘扬和那种有些挑衅意味的爱国主义——"我们团结共存"（united we stand），而是因为氛围发生了变化；也不仅是指人们对团结有着异乎寻常的诉求，还有与之关联的针对所谓"反美主义"的情绪。[通常]美国人对陌生人非常慷慨，乐于助人，有时候还会敞开心扉与人拥抱，但这种气质似乎受到了某种不信任的影响。我们还会毫无保留地与他们并肩共存吗？在我们的美国朋友那里，我有着无可挑剔的"记录"。即便如此，我在进行批评时也要小心翼翼了。美军进入阿富汗之后，我在欧洲人中间（或者和欧洲人、以色列人一起）讨论政治话题时，突然意识到这一点。

另一方面，我在现场才感觉到了这一事件的分量。灾难像晴空霹雳一样从天而降，还有那些袭击者的残忍意图以及那种笼罩整个城市的压抑感，都让人感到不寒而栗。每一个朋友和同事都不约而同地回忆起那天上午 9 点过后不久的场景。总之，我时不时地体会到这种命运般的意味，您的问题对此也有所涉及。在左翼中也产生了一种广为接受的意识，即这是一个时代转折点。我不知道，政府是否有点陷入妄想，或者只是不想承担责任。无论如何，对新型恐怖袭击的反复的、不确定的公告和那个空洞的号召——"保持警惕"(be alert)——只能引起盲目的恐慌和不明确的警戒状态，而这也正是恐怖分子的意图。在纽约，人们已经准备好面对最糟糕的事情。人们会理所当然地将炭疽袭击（或者飞机坠毁在皇后区）的事件归咎于奥萨马·本·拉登的可怕阴谋。

在这样的背景中，你就可以理解[我的]那种怀疑了。从长期来看，我们同代人正在想什么，真的重要吗？如果"9·11"恐怖袭击像很多人所说的那样形成了一道"世界

---

① 这是吉瓦那·博拉多利（Giovanna Borradori）2001 年 12 月对我进行的访谈，他在瓦萨学院（Vassar College）教授哲学。

历史"的裂隙，那么它必须经得起和其他世界历史事件进行比较。我不会拿"珍珠港事件"来比较，而要和1914年8月来进行比较。第一次世界大战爆发，一个和平的、怀旧的、某种程度上天真的时代终结了。一战开启了一个全面战争和全面压迫、野蛮的机械化以及官僚制度集体谋杀的时代。当时可能流传着这样一种预兆。只有当我们回顾历史时，才能知道在曼哈顿南部那幢资本主义堡垒的象征性倒塌，是否意味着那种具有深刻意义的转折，或者这场灾难仅仅在非人性的戏剧性意义上证明了我们这个复杂的文明众所周知的弱点。如果这不同于法国大革命——康德称之为证明了"人类种族道德倾向"的"历史标志"（Geschichtszeichen）——["9·11"事件]是不那么明确的事情（Unzweideutiges），历史事件的后果影响才能决定其地位的重要程度。

日后，人们或许可以将一些重要的发展回溯到"9·11事件"。但是我们不知道，我们今天所描绘的众多场景中哪一个在事实上造就了未来。由美国政府巧妙构建起来的反恐联盟，虽然是非常脆弱的，但它可以在最好情况下将古典国际法提升为一种世界主义的法制状态。在彼得山（Petersberg）上举行的阿富汗会议①得到了联合国的支持，

---

① 彼得山又名风暴山（Stromberg），位于德国波恩附近，莱茵河右岸，可以俯瞰小城柯尼斯温特和波恩，山上还有德国的招待机构。"阿富汗会议"于2001年11月末至12月初召开。会议召集了阿富汗北方联盟和一些流亡组织的代表，与联合国机构共商阿富汗的未来。——译者

会上提出了正确的路径，至少是一个充满希望的信号。但是，欧洲各国政府错误百出。作为欧洲人，他们显然还在打自己的小算盘，至少没有帮助鲍威尔对抗那些强硬派。小布什政府似乎没有受到丝毫影响，继续执行毫无道德原则的超级大国的自我中心路线。这个政府一如既往地反对引入国际法庭，而信任自己那个违反国际法的军事法庭。该政府拒绝签署生物武器条约，还当场宣布废除反导条约，并且认为"9·11事件"以一种荒谬的方式证明了建立反导系统的正当性。对这种无以复加的单边主义而言，世界已经变得太复杂了。当欧洲无法振作起来承担其在衰落的文明中应承担的角色，正在崛起的中国和正在衰败的俄罗斯不会自动服膺"美国治下的和平"（Pax Americana）模式。由于没有采取科索沃战争时所希望的警察行动，战争还是发生了，虽然采用了最新科技，但其风格依然是传统的。

阿富汗的悲惨景象让人想起了三十年战争①。当然我们有理由，甚至有很好的理由，用暴力的方式来除掉塔利班政权。他们不仅残暴地压迫妇女，而且压迫了[阿富汗的]全体人民；对于交出本·拉登这一合法要求也拒绝了。但是，他

---

① 1618—1648，被认为是历史上第一次全欧大战。参战的一方是德意志新教诸侯和丹麦、瑞典、法国，另一方是信仰天主教的神圣罗马帝国皇帝、德意志天主教诸侯和西班牙。最终战争以哈布斯堡皇室战败并签订《威斯特伐利亚和约》而告终。三十年战争使得欧洲中部地区人口减少三分之一，有些地区甚至达到了三分之二。三十年战争推动了欧洲民族国家的形成，是欧洲近代史的开始。——译者

们空中有电子制导智能火箭[①]，那是一种具有集中打击能力的毁灭性力量；地面上有留着大胡子、装备着卡拉什尼科夫步枪的战士，散发着古代的野性。这两者是那么的不协调，构成了一种道德上难以接受的景象。只有当人们回忆起痴迷暴力的殖民历史，武断的地理划分，还有处于对抗中的大国依然把阿富汗视为工具时，才能真正理解这一切。但是，塔利班已然是历史的一部分了。

问：是的，我们的话题就是恐怖主义，它在"9·11事件"中获得了一种新的属性……

哈：那种可怕的做法本身就是前所未有的。我指的不仅是那些自杀袭击者的做法——他们将加满油的飞机连同机上的人质，变成了活生生的弹药；也不仅是令人难以接受的受害者数量和这场毁灭的可怕规模，他们的目的所具有的象征性力量也是全新的。袭击者不仅从物的意义上将曼哈顿最高的建筑夷为平地，而且摧毁了美国梦的符号。只有当爱国热潮退却之后，人们才能认识到其核心意义——作为曼哈顿的剪影，那幢建筑强有力地象征着这个国家的经济实力以及对未来的想象。当然，镜头和媒体的呈现也是全新的。它们将一个本地事件同步地转变为了一个全球事件，令全世界目瞪口

[①] 原文如此，应指激光制导的智能炸弹或 GPS 制导的巡航导弹。——译者

呆。或许我们可以说，从严格意义上讲，"9·11"才是第一个世界历史事件：撞击，爆炸，缓慢的坍塌——令人匪夷所思的是，这一切并非好莱坞所为，而是残酷的现实——它在全世界公众的眼前实实在在地发生了。我的一个同事当时就在道纳大街（Duana Street）家中的露台上，距离世贸中心仅几分钟车程，他亲眼看见第二架飞机在顶端的楼层爆炸。他的**体验**和我坐在德国家中的电视机前虽然不同，**看到**的却是同样的景象。

这些观察还没有对这个独一无二的事件做出解释，即为什么恐怖主义由此获得了全新的属性。在我看来，有一个情况在此至关重要：我们不知道敌人是谁。本·拉登这个人更多的不过是具有一种代表性的功能，通过和以色列的游击队员或者一般的恐怖分子比较，就可以看出这一点。这些人也经常分散地、自行其是地进行战斗，因而也缺少集中的战斗力或组织的核心，无法成为打击的目标。但是，游击队员是在熟悉的领土上作战，而且具有明确的政治目标，即夺取权力。他们又和那些分散在全球的、像情报组织那样勾连起来的恐怖分子不同。在大多数情况下，后者具有原教旨主义的动机，但是除了搞破坏和制造不安之外，他们并没有明确的计划。我们无法辨别其身份，也无法真实地评估风险，只能暂时将这种恐怖主义和"基地组织"这个名称联系起来。这种不可辨识性赋予其一种新的属性。

当然，风险的不确定性本来就是恐怖主义的本质。但是美国媒体所详尽描绘的生物或化学战争场景以及对核恐怖主义的猜度，只能说明政府的无能，它至少要能确定风险的级别。但我们不知道是否确有其事。在以色列，当人们坐上公交车，或者进入商场，或者在迪斯科舞厅、广场逗留，人们知道**可能**会发生什么以及发生的**频率**。然而在美国或者欧洲，人们不能评估这种风险；根本就不存在风险种类、数量级和可能性的真实评估，我们也无法限定可能发生风险的地域。

受到威胁的国家面临一种窘境。它面对这些不确定的风险时，只能用国家的有组织的力量来进行回应，或者有时做出过度反应——在这种情况下，情报部门没有充足的信息来判断其反应是否过度。由此，国家陷入一种危险，即因为不恰当地采取手段而出丑：对内，安全措施的军事化将对法制国家构成威胁；对外，运用军事科技可能是不恰当的，有时甚至还是无效的。出于众所周知的目的，10月中［美国］国防部长拉姆斯菲尔德在布鲁塞尔举行的北约会议上再次提醒大家要注意**不确定的**恐怖袭击。他说："当我看到已经在美国造成的破坏，我们可以大致设想，假如在纽约或伦敦或巴黎或柏林使用核、化学或生物武器，会造成什么后果。"(《南德意志报》，2001年12月19日)。与此不同的是，也存在长期看来有效的措施，美国政府在［9·11］袭击之后就采取了这样的措施：建立一个全球国家的反恐联盟，以此来有效控制可疑的资金流动和国际银行账目，并将各国情报部门的相关情报进行整合，并在世界范围内对相应的犯罪调查进行协调。

问：知识分子是具有特殊历史特征的一类人，如果确实可以这么说的话，他们会在当代扮演什么特殊角色吗？

哈：我不会这样说。作家、哲学家、人文和社会科学家、艺术家，他们一贯会表达观点，这次也有所反应。有人支持，有人反对，各国存在差异，众声喧哗，公众舆论有各种各样的声音——这一切都与海湾战争和科索沃战争时没什么不同。或许美国的声音反应更迅速，也更容易听到，但最终还是支持政府和爱国的。甚至左翼自由主义者似乎也暂时赞同布什的政策。如果我理解得对的话，著名学者理查德·罗蒂（Richard Rorty）表达的立场是十分典型的。另一方面，那些反对出兵阿富汗的人基于错误的预计，以为自己的实际评估是对的。这一次，我们不仅需要冷僻的人类学知识，还需要对军事、地缘政治的理解。我并不是要诉诸那种常见的反智偏见，说知识分子通常缺乏专业知识。如果你恰好不是经济学家，那么最好就不要对复杂的经济问题进行判断。但是在军事方面，知识分子显然和其他的书斋战略家没有什么区别。

问：您在保罗教堂的演讲①中将原教旨主义称为一种特殊的现代现象。为什么？

哈：这当然和如何使用专业术语有关。"原教旨主义"一词具有贬义。我们用这个词来指称这样一种精神态度，即当自己的信念和理由并非能被普遍接受时，依然坚持以政治的方式来实现它们。尤其是宗教信仰的真理。但是，我们不能将教条和法制信仰（Rechtglaubigkeit）与原教旨主义混淆起来。每种宗教教义都建立在信仰真理的教条核心之上。有时候还会有一个权威，例如教宗或者罗马的信理部，由他们来确定哪些观念偏离了教条和正统。只有当真正信仰的护卫者和代表不顾世界观多元社会的认知图景，并坚持以政治的方式（甚至采用暴力）来贯彻其教义和一般约束力（Allgemeinverbindlichkeit）时，一种传统才是原教旨主义的。

那些先知式的，产生于轴心时代的教义，一直到现代社会开端时，在以下的意义上还都是**世界**宗教——它们能够在一个弥散的、无所不包的帝国（Imperiums）的认知界限内进行传播。老帝国的"普遍主义"——从它自身的视角来看，由中心向四周逐渐模糊。它给各种**世界**宗教的排他性的有效性诉求（Geltungsanspruch）提供了恰当的视角

---

① 指哈贝马斯2001年10月在法兰克福保罗教堂进行的演讲。——译者

背景。但是，在越来越复杂的现代性条件下，这样一种真理诉求（Wahrheitsanspruch）不能再简单地加以捍卫。在欧洲，信仰的分裂和社会的世俗化都要求宗教信仰必须在科学的世俗知识范围内，并在和其他宗教共有的话语世界（Diskursuniversum）中，对其非排他性的立场进行反思。在反思中意识到这种双重相对化，而不是要将自身信仰的真理进行相对化。宗教的反思任务就是学会用别人的眼光来进行观照，这一点曾经具有重要的政治意涵。这样，有信仰的人才能认识到，为什么为了贯彻其信仰诉求，他们必须放弃暴力，尤其要放弃国家组织的暴力。这一认知变化使得宗教宽容成为可能，并使得宗教与世界观中立的国家权力出现分离。

如果当代的一些政权，例如伊朗，拒绝进行这样的分离，或者当宗教引发的运动试图重建伊斯兰式的神权政治（Theokratie），我们将此视为原教旨主义。我将用"对认知不协调的压抑"（Verdrängung kognitiver Dissonanzen）来解释这种狂热心态。处在唯科学主义和世界观多元主义的认知条件下——按照后者的看法，一种无所不包的世界视角的认知环境已经无效了——这种心态才会要求返回到排他性的前现代信仰态度中去。这种态度会产生出认知不协调，因为在多元主义社会的复杂生活关系中，在规范意义上，只有一种规范和一种**严格的**普遍主义是相容的——也就是，要同等地尊重每个人，无论他是天主教徒还是新教徒，穆斯林还是犹太教徒，印度教徒还是佛教徒，有信仰者还是无信仰者。

问：如何来区分我们今天所见的伊斯兰原教旨主义和以往的那些原教旨主义的潮流和做法，例如近代早期的女巫猎杀？

哈：或许存在一个母题，可以将您所说的现象联系起来，那就是对传统生活方式剧烈"断根化"之恐惧的反应。政治和经济的现代化当时可能已经在欧洲的一些地区引起了这种恐惧。伴随着市场的（尤其是金融市场的）全球化和[国家的]直接干预，我们今天当然处于一种截然不同的处境之中。在此期间，世界社会（Weltgesellschaft）①也分裂为获利国家、受益国家和失败国家，情况又有所不同了。对阿拉伯世界而言，美国是资本主义现代化的驱动力量。美国因为拥有不可超越的发展先手，有压倒性的技术、经济和政治—军事优势，这既是对[美国]自我意识的伤害，又是被暗中赞叹的榜样。西方世界成了[阿拉伯世界]自己失败经验的替罪羊。在剧烈加速的现代化进程中，人民与其文化传统发生了撕裂。在欧洲，有幸的是在有利的条件下，表现为一个创造性的摧

---

① 一些社会学家认为，伴随着全球化的逐渐深入，一个广泛的社会体系将最终覆盖全球。他们称此为"世界社会"。例如，著名德国社会学家尼克拉斯·卢曼认为，民族国家会逐渐分化为世界社会的各个功能系统，民族也会成为世界社会中的区域社会。也有学者认为，世界社会的核心应当是全球公共领域，即 world society。——译者

分裂的西方 | 013

毁过程，而在其他国家却展现为既往生活方式解体，而且在几代人中都没有可能的补充方式。

那种防御反应诉诸信仰力量，而不是西方在世界范围内的世俗力量，它似乎要将在那里再度发挥那种已经失去的潜力。这在心理学上是可以理解的。原教旨主义愤怒地回溯到那样一种信仰观念。现代社会还没有使它进入自我反思的学习过程，也没有使它产生出和政治分离的世界性阐释。那种信仰所依赖的要素，恰好是西方所缺乏的。[西方之外的]其他文化深受世界各大宗教的影响，但它们面对的西方仅仅是物质主义消费文化，这种文化是琐碎而又难以抗拒的。我们必须承认：如果西方打算仅仅用人权来促进国外市场的自由出口，而在本国内则放松新自由主义的划分——宗教原教旨主义和**空洞的**世俗化——实际上，她的自我呈现是缺乏规范性内核的。

问：从哲学角度看，您认为恐怖主义归根结底是一种政治行为吗？

哈：阿塔（Atta，那个来自汉堡的埃及人，他驾驶第一架飞机撞上了大楼）的行为给出了一个政治答案，而就其主观意义上不是[一种政治行为]。但是，今天的伊斯兰原教旨主义一直在产生政治动机，今天我们面对其宗教狂热的形式，无论如何都不能忽视其政治动机。此外，这一信息也与以下事实吻合：有些今天参与"圣战"的恐怖分子，几年前还是世俗的民族主义者。如果我们来看一下这些人的履历，就会发现惊人的连续性。对民族主义军政府的失望，可能也使得宗教为旧的政治导向提供了一种新的、明显在主观上具有说服力的语言。

问：您究竟如何理解恐怖主义？我们能否对国家恐怖主义和国际恐怖主义进行有意义的区分？

哈：巴勒斯坦的恐怖主义在某些方面还具有旧模式的特征。这有关谋杀和杀戮，讲的是对敌人、妇女和儿童的无差别消灭——以命抵命。这有别于那些在游击战中以准军事形式出现的恐怖主义。后者决定了20世纪后半叶不少民族解放运动的面貌，并且至今还在车臣的独立战争中有所影响。相反，在"9·11"袭击中达到顶峰的那种全球恐怖主义，具有一种无力反抗的无政府主义特征。当它反对一个敌人时，从实用主义角度看，这种敌人是以其为目标的军事行动完全无法战胜的。它唯一可能的效果是让政府和民众惊恐不安。

我们的这个复杂社会从技术层面来看是极易受到破坏的，[这样的复杂社会甚至]为一次又一次地打破正常生活提供了极佳的机会。而且只需要极小的代价就能给正常的进程带去巨大的破坏性后果。国际恐怖主义将两者都推向极致——既缺乏现实的目标，又犬儒地利用了复杂体系的脆弱性。

问：我们必须将恐怖主义与一般的犯罪以及其他类型的暴力的使用进行区分吗？

哈：不一定。从伦理角度来看，对恐怖主义行径——无论出于何种动机或在何种处境中进行——不存在任何借口。我们没有权利利用他人的生命和痛苦来实现自己的目标。没有谋杀是正当的。但是从历史角度来看，恐怖主义在何种意义上是种罪行，这就需要刑事法官来认定了。它不同于个人行为，它应当受到公众的关注；它也不是出于嫉妒的谋杀，〔因而〕必须对之进行不同类型的分析。否则我们就不需要做这个访谈了。在政权更迭的时候，政治恐怖和一般犯罪之间的差异就会更为明显。它使过去的恐怖主义者获得权力，并把他们变得令人尊敬。在这种政治的暴力转换中，恐怖主义者只能希望以现实主义的方式来达成可理解的政治目标，而通过克服一种不公平的状况，反过来获得某种合法化。但是，我今天想象不出任何语境可以将"9·11"中的暴行理解为政治行为。

问：您是否认为，当时应该把这种行径看作一种宣战行为？
哈：虽然使用"战争"这一表述会少一些歧义，从道德角度来看，要比"十字军东征"少一些争议。但我认为，布什号召发起一场"反恐战争"的这个决定，在规范意义上和实用意义上都是一个严重的错误。在规范意义上，他把这些罪犯提高为战争对手；而在实用意义上，我们不能对一个难以把握的"网络"发起战争——如果这个词还要保留任何确定的意义的话。

问：西方必须以更高的敏感性来面对其他文化，并且要进行更多的自我批评，如果这么做是对的，西方该如何着手呢？您在这一关系中谈到了"翻译"，还谈到了寻找"共同语言"。这是什么意思？

哈："9·11事件"之后经常有人问我，这样的暴力现象是否导致我在《交往行为理论》中提出的以理解为导向的行动陷入了难堪。无疑，我们生活在和平而富有的经济合作与发展组织①中，[在这里]依然有社会不平等和令人羞辱的歧视、贫困化、边缘化。这一切都具有**结构性的**、某种程度上已经习以为常的暴力。恰恰因为我们的社会关系充斥着暴力、战略行动和操纵，我们不能忽视另外两件事：一方面，我们的日常共存的实践建立在一

---

① 简称经合组织（Organization for Economic Co-operation and Development, OECD），是由市场经济国家组成的政府间国际经济组织，旨在共同应对全球化带来的经济、社会和政府治理等方面的挑战，并把握全球化带来的机遇。——译者

个共同的背景信念（Hintergrundüberzeugung）、文化自明性（Selbstverständlichkeit）和相互预期的基础之上。在此，行为协调是通过熟悉的语言游戏来对彼此提出的，或者至少是含蓄承认的有效性诉求而起作用的——在或多或少具备正当理由的公共空间中。另一方面，**交往障碍**、误解和不理解、不真诚和误导会产生冲突。如果冲突的结果太过痛苦，就会需要医生，或者诉诸法庭来解决。暴力始于受干扰的交往，后者因无法克制的相互不信任而导致交往破裂。但是，一旦带有交往障碍的暴力开始了，在它爆发之后，人们就可以知道是什么出了问题以及如何去修正。

这个平常的观点还可以用于您提到的那种冲突上。情况在此会更为复杂，因为不同的民族、生活方式和文化本来就有差异，对彼此而言也是陌生的。他们并不是像"同志"或"亲属"那样对待彼此——同志和亲属在家庭或日常生活中已经通过一种系统的扭曲化交往而彼此**异化**（entfremdet）了。此外，在**国际**交往中，抑制暴力的法律手段作用相对要弱一些。而在**跨文化**关系中，法律最多创造出字面意义上的体制性框架，例如联合国的维也纳人权大会。不论在多个层面上跨文化讨论对人权问题的不同解读有多么重要，单靠这些形式上的交流，并不能打破形成刻板印象的窠臼。同样重要的是，要针对人权的有争议解释，在不同层面上进行跨文化沟通。一种心态的开启，更多是通过关系的自由化，通过压力和恐惧的客观释放而起作用的。在交往的日常实践中，人们必须建立信任资本（Vertrauenskapital）。只有如此，随后，媒体、学校和家庭中的广泛有效的启蒙才能开展。这种启蒙必须从自身的政治文化前提出发。

对我们自己而言，如何在这种关系中面对其他文化以及规范性地自我呈现也十分重要。在这样一个自我理解的修正过程中，如果西方想要被认为是一种**文明的**塑造力量，她必须学会如何修正其政治。如果不能在政治上对失控的资本主义进行抑制，那么世界社会的破坏性分层（Stratifikation）就会难以掌控。全球经济的发展动力是不一致的，它所造成的破坏性后果至少应当得到均衡——我指的是整个地区及整个大陆的衰落和贫困化。这不仅关系到歧视、对其他文化的侮辱和贬低。"文化冲突"（Kampf der Kulturen）通常只是表象，在它后面隐藏着西方切实的物质利益，例如对石油产量的支配权和能源运输的安全。

问：那么我们就必须自问，对话的模型是否适合跨文化交流？我们用来寻求不同文化之间共同点的概念不恰恰是我们自己的吗？

哈：对欧洲中心论的破坏性怀疑，恰恰激发了相反的问题：这样一个源于日常言说，并且自洪堡以来从文本注释的实践中发展出方法的解释学理解模型，为什么在自己的文化之外，在自己的生活方式和传统之外，就突然失效了呢？在任何情况下，一个解释必须要跨越双方的解释学前理解（Vorverständnis）差异，无论文化差异是大是小，时空距离是长是短，语义差别是大是小。概括地说，所有的解释都是翻译。概念图式（Begriffsschema）的理念构建出多个世界中的一个，它不可能是没有矛盾的。为了理解这一点，我们不需要回到戴维森（Davidson）的理论，我们也可以从伽达默尔式（Gadamer'schen）的论证看出，一个封闭的意义世界中的理念是无法和其他世界通约的，它是有矛盾的。

但是，从中并不必然产生出一种方法论上的种族中心主义。罗蒂和麦金泰尔（MacIntyre）都为一种理解的同化模型（Assimilationsmodell）辩护。这个模型认为，激进的解释要么是对自身合理化标准的补偿，要么是一种皈依（Konversion），即听命于一种完全陌生的世界图景的合理性。我们只需要能够理解，一种阐释世界的语言所要满足的条件中包含了什么。但是，这种表述至多符合这样一种初始状态，即它要努力成为一种诠释，因为它使得参与者认识到其初始诠释视角的单边性。对话参与者要与这种理解困难做斗争，这样才能够拓展诸种视角并最终使它们达成一致，因为他们在接受"说话者"和"听话者"的对话角色过程中，已经参与了一种根本对称性的建构。从根本上来说，所有言语情景（Sprechsituation）都要求这种对称性。每个有资格的言说者已经学会如何运用人称代词系统，同时也已经获得了在对话中转换第一人称和第二人称视角的能力。在这种彼此的视角接受活动中，合作产生了一种共同的阐释视域。在该视域中，双方才能建立起一种**交互主体**的共有解释，而不是种族中心意义上纳入式的或转化式的解释。

此外，这个解释学模型说明，只有当理解尝试在**相互的视角接受**的对等条件下进行时，它才有成功的希望。有好的意图，没有明显的暴力，这些都是有所助益的，但是它们并不充分。如果没有一个非扭曲的、不受潜在权力关系控制的交往环境，其结果总有强制之嫌。选择性、拓展能力和修正的需求，当然最多通常只表达人类难以避免的可错性（Fallibilität），但是，它们经常无法与那种盲目的瞬间相区分——解释总是要归因于对强者暴力的屈从。在此意义上，交往总是充满歧义的，同样一种表达总隐含了暴力。然而，如果人们想要根据这种描述来对交往进行本体论化，如果人们在其中**仅仅**看到了暴力就误解其本质：那种批判力量——即要打破暴力并防止它以新的形式再生——要包含在理解的目标之中，并且包含在我们对该目标的态度之中。

问：全球化使我们不得不仔细思考主权这一国际法概念。您是如何看待各种国际组织的作用的？世界主义

(Kosmopolitismus）这一启蒙运动的核心理念，在今天的处境中还依然有用吗？

哈：我认为卡尔·施米特的存在主义观念，即政治应当致力构建针对他人的集体认同的自我主张，是错误的，而且从其实际结果来看是危险的。这种敌友关系的本体论化（Ontologisierung）暗示，尝试对好战的国际法主体之间的关系进行全球性立法，只是为了普遍地掩盖自身的特殊利益。但是我们并不能忽略，20世纪的极权统治以其政治上的残暴，在新的高度上否认了古典国际法的无罪推定（Unschuldsvermutung）。因此，我们长久以来已然处于一个过渡之中，即从古典国际法到康德所期待的世界公民状态的过渡。这是一个事实。在规范意义上，我也没有看到有其他有意义的替代［方案］。但是，我们也不能避而不谈其阴暗面。从二战结束之后对战争罪行进行的纽伦堡审判和东京审判以来，从联合国成立与《联合国人权宣言》［发表］以来，从冷战结束之后人权政策开始实施以来，从北约对科索沃有争议的干预以来，还有从对国际恐怖主义宣战以来，无论如何，这个过渡状态的矛盾性已经日益明显了。

一方面，民族共同体（Völkergemeinschaft）的概念已经在联合国及其机构中得到了体制性的表现。民族共同体要通过对侵略战争的刑事定罪（Poenalisierung）来中止国家之间的自然状态。这种刑事定罪要将反人类的种族屠杀和罪行纳入犯罪的范畴,并对侵犯人权[的行径]进行惩罚。海牙法庭审判了米洛舍维奇[①]这个前国家元首。英国最高法院也几乎阻止了对皮诺切特[②]这个罪行累累的独裁者的遣返。国际刑事法庭尚在建立之中。不干预主权国家内部事务的原则已经漏洞百出:安理会的决议剥夺了伊拉克政府对本国领空的控制权;蓝盔部队[③]在喀布尔保障了后塔利班政府的安全;处于内战边缘的马其顿,也因为欧盟的压力而接受了阿尔巴尼亚族少数派的要求。[④]

另一方面,联合国常常不过是只纸老虎,要依赖于大国的合作。在经历了1989年的转折之后,安理会对其宣扬的民族共同体原则也只能有选择地加以遵守。正如斯雷布列尼

---

① 1989—1997年任塞尔维亚共和国总统,1997—2000年任南斯拉夫联盟共和国(南联盟)总统,1992—2001年任塞尔维亚社会党创党人和领导人,2001年1月遭软禁,因涉嫌"滥用职权和合伙犯罪等"被捕入狱,6月被引渡到前南国际刑庭。2002年2月12日,前南国际刑庭开庭审理,他被指控犯有包括战争罪、反人类罪和种族屠杀罪在内的60多项罪行。但米洛舍维奇否认对他的所有指控,并称前南国际刑庭是非法机构。2006年3月11日,他在海牙监狱中突发心肌梗塞去世。——译者
② 1915—2006,智利前总统。1998年9月以私人身份访问英国,其间因椎间盘不适而前往伦敦一家私人诊所治疗。10月16日被英国警方拘禁,因为西班牙法庭指控他在执政期间涉嫌杀害西班牙人和西班牙人后裔。英国政府最终在2000年3月2日宣布"皮诺切特因健康原因不宜被引渡受审"。随后皮诺切特获释并返回智利。——译者
③ 指联合国维和部队。——译者
④ 科索沃战争爆发后,大量科索沃的阿尔巴尼亚族难民进入邻国马其顿。马其顿人大多信仰东正教,而阿尔巴尼亚族大多信仰伊斯兰教。阿尔巴尼亚族受所谓"大阿尔尼亚主义"的影响,试图将马其顿西南部阿尔巴尼亚人聚集地从马其顿分离出去,独立建国。在西方国家干涉下,马其顿和阿尔巴尼亚武装停火。——译者

分裂的西方 | 023

察惨案①所显示的那样，联合国部队很多时候并不具备兑现其承诺的能力。如果安理会无法通过其决议，如同在科索沃冲突中那样，而类似于北约的地区性联盟却在没有授权的情况下自行其是，致命的权力落差也就一目了然了。在合法但无力的国际共同体的权威以及那些具备军事能力但只寻求其自身利益的民族国家之间，就会产生上述权力落差。

存在于应然和实然之间以及法律和权力之间的对立，既损害了联合国的可信度，也妨碍了自我赋权国家的干预行动。那些国家——即便有好的理由——直接跳过了委托人将其警察行为合法化，并使之堕落为战争行为。如此一来，这个本可避免的警察行为也就和一般战争无法区别了。这种源自传统的权力政治（Machtpolitik）、对地区联盟伙伴的考虑以及世界主义法权统治的想法之间的不明冲突，不仅激化了联合国内部在南方和北方、东方和西方的积存利益冲突，而且激起了超级大国对规范限制其行动自由的做法的不信任。这样就在西方阵营内部引发了盎格鲁-撒克逊国家和大陆国家之间的分歧，前者更信奉国际关系的"现实主义学派"，而后者支持决定的合法化，并在规范上支持和鼓励国际法向

---

① 1995年7月11日至22日，波黑塞族军警以及南联盟派出的军警占领了波黑东部的山城斯雷布列尼察，屠杀了当地8 000多名穆斯林男子和男孩。波黑政府对此一直予以否认，直到2004年6月才承认。这桩惨案是二战之后发生在欧洲的最严重的一次大屠杀。海牙的前南国际刑事法庭将其定性为种族灭绝，随后国际法庭也确认其为种族灭绝。——译者

一种跨国的法治秩序转化。

在科索沃战争中或者有关阿富汗的政策中,在目标方面的相关差异就变得更为明显了。只有当某一天,那些大陆实体,例如欧盟、北美自由贸易协定和东盟,为了达成跨国协定并为一个越来越密集的组织、会议和实践的网络承担起责任,成为具有行为能力的行动者,这一存在于现实主义和强烈规范主义行为导向之间的对立才能得以化解。只有当**全球事务参与者**(global player)对失控的市场形成政治制衡力,才能为联合国那些高尚的计划和政治制度基础的实现提供担保。

问:您在您的政治学和伦理学论文中捍卫了一种普遍主义,对此有人钦佩,有人提出了批评。这种普遍主义和宽容有什么关系?宽容是否更多的是一种"家长式"概念,更应被"友好待客"(Gastfreudschaft)的观念所替代?

哈:宽容概念在历史上的用法和这种意涵非常接近。请想一下《南特赦令》:法国国王承认了胡格诺派(一个少数教派)的宗教信仰及其教义,并准许他们有条件地进行崇拜活动,条件是他们不得质疑王室权威和天主教的统治地位。从这种家长式意义上讲,宽容已经被实践了几百年。"家长式"是指这一赦令的单边性,主权的统治者或者多数派文化进行协商后,准备"容忍"少数派的偏差行为。在这一语境中，宽容包含了对负担的容忍，是一种赦免行为或者一种示好。一方允许其他人在某种程度上有条件地偏离"常态"：那些被宽容的少数派不得跨越"可容忍的边界"。这种威权式的"准许观念"为批评指责预留了合理的位置（雷纳·福斯特），因为权威可以任意地界定宽容的界限，即什么能被接受，什么不能被接受。于是就形成了这样的印象，这种宽容只有在一定界限内才能得以实践，在边界之外宽容就不存在了，其核心里包含了不宽容。您的问题可能带有这样的考虑。

今天我们遇到了"好战的民主"这一悖论性的概念。根据这一概念，民主的公民自由在实践中，在民主的敌人那里遇到了其边界。自由的敌人没有自由。通过这个例子可以看出，要彻底解构宽容概念就会落入一个陷阱。因为民主的法治国家恰恰与那种家长式的宽容在前提上是相矛盾的。在一个政治共同体中，其公民要彼此确认具有同等的权利，这将不再给权威留有余地，而权威是要**单方面地**确定宽容的界线的。在权利平等和公民相互承认的基础上，没有人具有特权，都是从其自身的价值设定来确定宽容的界线。当然，相互宽容对方的不同信仰或者生活方式——认为它不如自己的生活方式——需要人们在共同认可的价值观基础上划清界限。但是在民主共同体的情况下，这些已经作为正义原则写入了宪法。当然，对宪法规范和法条也会存在争议。重要的是一些法条和规范所特有的自返性。对此,我们就要讲到普遍主义的问题。

宪法自身已经明确,应当如何来决定宪法解释冲突的那些体制和程序。但在个别案例中,这个问题超出了边界,例如在今天伊斯兰极端主义的案例中,后者公开煽动突破宪法的底线。有意思的是,宪法已经超出了这些程序,即超出了所有的实践和(在规范上具有约束力的)安排。宪法甚至可以容忍公民不服从,以此用反思的方式包容可能越界的条件。一部民主的宪法还宽容不同政见者的抵抗。在穷尽一切合法途径之后,不同政见者继续为已经生效的决议或判决而斗争,当然条件是这些违反规则的抵抗,根据宪法精神和条款,其本身是正当的,进行[斗争]的方式是要让多数人重新思考其决定,但其诉求必须具有非暴力的本质。这样,实现同等公民权利这一民主计划本身恰恰要依靠那些少数派的抵抗。那些少数派可能今天作为民主的敌人出现,明天则会作为民主真正的朋友出现。

回到您的问题,这种对于"好战的民主"的宽容界限的反思性自我超越,要归因于一种自由秩序的法律和道德基础的普遍主义。在严格意义上,"普遍主义"就是一种理性道德的平等的个人主义。这种道德要求相互承认,也就是对每个人具有同等的尊重和互相考虑。成为这个包容的,亦即对所有人开放的道德共同体的成员,不仅要求团结一致和非歧视的包容，还意味每个人具有同等的维护其个体性和差异性的权利。受到这一思想启发的话语，在以下两个本质属性上，其结构不同于任何其他话语。

一方面，法律和道德的普遍主义的话语容易被滥用为一种合法化的狡猾的形式，因为在理性的一般意义背后可能隐藏着特殊的利益。此外，对卡尔·施米特的不满就建立在这种意识形态功能之上——它已经受到了青年马克思的谴责。因为施米特将"人性"——人性符合平等的个人主义的标准——和"兽性"混为一谈。像施米特那样的法西斯主义者所忽略的，马克思绝不会遗漏，那是话语的另一种属性，即那种特殊的自我指涉。这使得话语变成了实现自我修正的学习过程的手段。我们批评普遍主义标准是单方的、选择性运用的，对普遍主义话语所隐含的意识形态用法进行解构性揭露，都要回到由这个话语本身提出的批判性视角。所以，道德的和法律的普遍主义在以下意义上是不可超越的——你可以批判充满错误的实践，但要先提出你自己的标准。

问：最后一个问题，您能谈谈英雄主义这个概念吗？
哈：那些在9月11日为了拯救他人而出生入死的消防员，他们的勇气、纪律和无私令人尊敬。但是，为什么一定要称他们为"英雄"呢？或许这个词的含义在美国英语中和在德语中有所不同。每当"英雄"备受推崇时，我都会问这样的问题，谁需要英雄以及为什么需要英雄。在无伤大雅的意义上，我们可以理解布莱希特的警示："怜悯那需要英雄的国家吧。"①

---

① 语出德国剧作家布莱希特1938年的话剧《伽利略的生活》第二幕。——译者

第二章 雕像倒下意味着什么？

1

全世界在2003年4月9日这一天目睹了巴格达发生的一幕。美国士兵将绳索套上了独裁者的脖子，在周围人群的欢呼声中，它从基座上倒下。这座看似不可动摇的纪念碑先晃了晃，随即轰然倒地。在它自由坠向大地之前，重力一定打破了水平面上那种怪异姿势的平衡。巨大的雕塑前后晃动着，似乎还在垂死挣扎。就好像[长久]看着一个图像，对它的体验会"颠倒"一样，在这一幕中，公众对战争的体验似乎也发生了颠倒。积贫积弱、毫无还手之力的民众遭到了毫不留情的轰炸，"震撼与敬畏"[①]就是以这种道德上毫无廉耻的方式在传播。这一天，这一切在巴格达的什叶派聚居区变成了对那些经历恐惧和遭受压迫的人民的解放。两种体验都包含了真理的部分，即便它们引发了各种有争议的道德感和不同立场。感觉的差异必定会导致彼此对立的判断吗？

乍一看事情非常简单。即便一场非法的战争导致了规范上预期的成功，它还是违背国际法的行为。但这是历史的全部吗？糟糕的结果可以使良好的意图失去合法性，好的结果难道就不能释放出可持续的合法力量吗？万人坑、地牢和受虐者的讲述，这一切都使得这个政权的犯罪本质变得毫无疑问。将一个备受煎熬的民族从野蛮的统治下解救出来，这是一种高度的善，是各种政治追求中的最高的善。无论伊拉克人现在欢呼、抢劫、麻木不仁还是反抗占领者，他们已经做出了对这场战争的道德本质的判断。而在我们这里，政治公共领域中出现了两种反应。

实用主义者相信事实性（das Faktische）的规范力量，并信任一种实践的判断。这种判断认为政治与道德不同，因而赞赏这次胜利的成果。在他们眼中，对这场战争合法化的思考是**徒劳的**，因为这已经成了历史事实。另一些人则出于机会主义意图或者出于信念，早已向事实性力量**投降**。他们把国家法的教条放到一边——这是出于后英雄主义对使用武力所产生的风险和成本的敏感——而对作为真正价值的政治自由避而不见。两种反应各有不足，因为它们都向一种苍白的道德主义的假定抽象让步了，而没有弄清楚其他替代可能——华盛顿的新保守主义者在以国际法辖制国家权力之

---

① 原指在军事战略中，具有绝对优势的一方运用压倒性的武力，彻底瘫痪对手的战场感知能力并摧毁其斗志。此处指 2003 年伊拉克战争以此为代号的行动。——译者

外，还提出了其他的可能性。这和国际法伦理背道而驰，它既不是现实主义，也不是自由精神，而是一种革命角度：如果国际法治理失败了，那么通过霸权来实现自由主义世界秩序就是道德上正当的了，即便它采用了违反国际法的手段。

沃尔福威茨①不是基辛格。他不是权力的犬儒主义者，而是革命者。当然，超级大国保留如下的权力，即采取单边行动，如有必要将预防性地使用一切军事手段，在面对潜在对手时确保自身的霸主地位。但是，对新的意识形态主义者而言，觊觎全球性权力并非其目的。把新自由主义者和"现实主义"学派区分开来的是对美国的世界秩序政策的愿景。它脱胎于联合国人权政策的改革轨迹。它并不包含自由的目标，却打破了文明的枷锁，即《联合国宪章》（具有充足理由）给实现目标的过程设置的限制。

2

当然，今天联合国还没有能力强制其成员国为其公民提供民主与法制的秩序。而且，具有高度选择性的人权政策受制于如下条件：俄罗斯拥有否决权，不用害怕对车臣的武装干预；萨达姆·侯赛因对其国内的库尔德人使用神经毒气，不过是一系列骇人听闻的国家共同体失败例证中的一个，该

---

① Paul Wolfowitz，被称为美国新保守主义的旗手，是布什政府的"鹰派"核心人物，有"伊拉克战争设计师"之称。——译者

共同体在发生种族屠杀时充耳不闻。因此，从联合国建立之日起，确保和平，即禁止侵略战争，就成为其核心功能。这一点就愈加重要了。二战之后，人们尝试废除开战权（ius ad bellum）并限制单个国家的主权。这样，古典的国际法至少向一种世界主义的法制状态迈进了一步。

半个世纪以来，美国始终被视为这一进程的推动者。但它在伊拉克战争中不仅毁掉了这一声誉，而且放弃了国际法担保人的职责。它的违反国际法之举，给未来的超级大国树立了破坏性的范本。我们不要自欺欺人：美国的规范性权威已经声名扫地。美国的行为没有满足合法使用军事力量的两个条件：既不是在自我防卫的情况下抵御当下或直接的侵略，也没有按照《联合国宪章》第7章的规定获得安理会的授权；1441号决议和之前17个"上述的"（"已使用过的"）伊拉克决议并不足以成为[战争]授权。此外，意图开战的阵营还以如下的方式进行了表演，即它们首先通过了"第二个"决议，却从没有将之付诸表决，因为他们从没指望过从那些没有否决权的成员国那里获得"道义"上的多数支持。最后，美国总统重申，即便没有安理会授权还是会采取行动，这一切就成了一场闹剧。布什学说并不认为向海湾进军从一开始就是单纯的威胁，而它本应预设制裁是**可以避免的**。

干预科索沃的案例，也不能让人感到宽慰。在这个案例

分裂的西方 | 033

中，安理会也没有授权。但事后弥补的合法性可以建立在三个条件之上：（按照当时的情报）要试图避免正在发生的种族清洗；在此情况下，国际法要求所有国家都应予以紧急救助；以及军事联盟的所有成员国毫无争议的民主和法制本质。今天，规范性的异议正在分裂西方。

可是，当时是1999年4月，欧陆国家和盎格鲁-撒克逊国家之间对于正当化策略的问题已经出现了分歧。一方面，人们从斯雷布列尼察惨案学到的一点是，武装干预要弥合在之前行动中出现的有效性和合法性的鸿沟，这样才能在实现体制化的世界公民权道路上有所进展；而另一方面，人们却满足于以下规范性目标，即要将自身的自由秩序传播到他处，必要时可以使用暴力。当时，我将这一差异归因于不同的法律思想传统——一方是康德的世界主义，另一方是约翰·密尔的自由民族主义。但是，如果考虑到布什学说从1991年以来遵循的霸权单边主义（参见2003年4月10日《法兰克福汇报》上Stefan Frölich的文章），我们可以做事后猜测，美国代表团从一开始就要将朗布依埃谈判①引入歧

---

① 指在1999年2月在法国北部的朗布依埃城堡举行的有关科索沃问题的会议。当时在美国和北约的主导下，塞尔维亚和科索沃阿尔巴尼亚族代表参与了这次谈判。美国特使克里斯托弗·希尔提出了如下方案：尊重南联盟的领土完整，科索沃享有高度自治，南联盟军队撤出科索沃，"科索沃解放军"解除武装，按当地居民人口比例组成新的警察部队维持治安，北约向科索沃派遣多国部队保障协议的实施。但是最终双方都不接受方案中所提出的要求。——译者

途；也有可能布什提交安理会的决议没有表达其愿望——在其内部，他们很久以来已不再需要国际法的合法化了。他们需要以这种做法来扩大"参战阵营"的基础，并消除本国民众的顾虑。

同样，我们也不能将新自由主义理解为某种犬儒主义的表达。地缘政治的目标，例如确保权力空间和重要资源的安全，也是这种政策所要实现的，它要求我们进行一种批判性的意识形态分析。但是，这些传统的解释将一年半之前所无法想象的规范裂隙琐碎化了，而美国至今还在以这些规范为己任。我们最好不要猜测动机，而要认真对待这种新学说。否则，我们就会错误理解这一转向的革命性本质，这一转向源于过去百年的历史经验。

3

霍布斯鲍姆正确地将20世纪称为"美国的世纪"。新保守主义者可以将自己理解为"胜利者"，并可以将下述成果作为一个新的、在美国领导下产生的世界秩序的典范——即在德国和日本战败后重新安顿了欧洲，给东南亚带来了和平，并且在苏联解体之后重新塑造了中欧和东欧社会。按照福山的自由主义"后历史"观，这个模型具有如下的优点，即可以不用去讨论琐碎的规范性目标：对人们而言，有什么能比世界范围内自由国家的扩展和自由市场的全球化更好

分裂的西方 | 035

呢？之前的道路也十分清楚：德国、日本和俄罗斯是被战争以及军备竞赛击败的。在今天不对称的战争中，军事暴力似乎具有前所未有的吸引力——在开战前胜负已定，而且可以用相对较小的牺牲取得胜利。那些改进了这个世界的战争，不需要**更多的**辩护。因为那些战争消除了毫无争议的恶——否则这些恶还将在国家共同体的庇护之下继续存在——而由此造成的损伤代价是可以忽略不计的。被连根拔起的萨达姆［雕像］**就是**明证，无需额外的辩护。

在双子大楼遭受恐怖袭击之前很久，这种学说就已经形成了。那种精心操控的群众心理，即"9·11"之后的震惊，毫无疑问营造了那种使该学说获得广泛支持的氛围，但是转化成了"反恐战争"的形式。布什学说的这种转化依赖于一种定义，即用传统战争的概念来定义全新的现象。例如在塔利班政权的案例中，在无法理解的恐怖主义和遭到批评的"流氓国家"之间，事实上存在清晰的因果关联。按照这个模式，人们可以用经典的国家间战争来消除那些来自弥散的、全球网络的危险。

相对于最初的版本，这种霸权的单边主义加上要抵御日益严重的威胁，二者的结合引入了自我防卫的论证。不过，它需要提出新的证明。美国政府曾试图让全世界相信萨达姆·侯赛因和基地组织之间存在联系。这场假情报战在美国是如此成功，根据一些调查，60%的美国人将颠覆伊拉克政权理解为对"9·11"恐怖袭击的"赎罪"。但是，布什学说并没有对预防性地使用军事手段给出令人信服的解释。因为恐怖分子的非国家暴力是"和平时期的战争"，它绕开了国家间战争的范畴。但是，它不能为以下行为的必要性提供解释，即为何要把国际法严格规定的国家的紧急防御降格为先发制人的**军事**自我防卫。

为了抵御全球化的、去中心化的、看不见的敌人，只有另一个行动层面上的**预防**才有用。炸弹和火箭、飞机和坦克都无济于事，只能依靠各国情报部门和犯罪调查部门进行国际合作，控制现金流，寻找物流之间的联系。相应的"安全计划"不仅触及国际法，还涉及国家所担保的公民权。另一些危险——例如由于核生化武器不扩散政策失败所引发的危险——只有通过协商，而不是通过裁军战争才能加以控制，正如对朝鲜的克制反应所展示的那样。

面对恐怖主义而逐渐激进的学说，为的是达成一个霸权主义目标，并不能获得合法性。被连根拔起的萨达姆还证明了，这将是整个地区内自由新秩序的象征。伊拉克战争是一种世界秩序政策中的一环，这一政策将替代疲于奔命的、徒劳的联合国人权政策，还将以此作为辩护。美国似乎承担起了联合国未能承担的职责。有什么可以反驳这一点吗？道德感会导致错误，因为它执迷于个别的事件和场景，找不到方法来为这场战争进行辩护。关键的分歧在于，国际法语境的

分裂的西方 | 037

辩护，是否可以被一个自我赋权的霸权单边世界秩序所取代。

4

对这种美国式愿景的可行性的实践反驳，导致国际社会已经变得异常复杂，不能用高科技武装起来的超级大国也惧怕恐怖主义，一个主体的笛卡儿式恐惧似乎有所加强。主体为了控制一切，试图将自身和周围世界都作为客体。面对市场的媒体和文化、社会交往在水平面上联网，政治陷入了被动，它回到了一种等级制安全体系的霍布斯式原初状态。一个徘徊于战争还是和平这两种可能之间的国家，马上就会遇到自身组织能力和资源的限制。国家以错误的方式和与之竞争的国家以及陌生的文化进行相互理解，其协调成本居高不下。

霸权的单边主义即便是可行的，也不乏**副作用**。按照其自身的标准，它也**不希望**出现这些副作用。政治权力越是利用军事、情报和警察的力量，作为世界范围内文明塑造力量的政治就越会受到掣肘，并会威胁到其使命，即用自由观念改善这个世界。在美国，今天一个"战争总统"的持续统治已然削弱了法治国家的基础。姑且不谈[美国]在本土之外实施的酷刑，战时统治不仅剥夺了关塔那摩那些囚犯依照《日内瓦公约》所应享有的权利，还给安全部门相当的行为空间去限制其本国公民依据宪法所应享有的权利。布什学说为什么要在这些难以置信的案例中使用截然相反的手段？美国政府本来想要给叙利亚、约旦、科威特的国民带去自由，却以不友好的方式利用了这种自由。1991年，美国解放了科威特，但并没有使这个国家民主化。

美国的信托角色首先受到来自其盟友的抵触。基于**好的规范性理由**，这些盟友并没有被单边主义的领导要求所说服。当时，自由的民族主义认为自己有权利，如有必要可以使用武力在全世界推广其自由秩序的普适价值。民族国家以霸权力量来获得自我正当性，这是不能接受的。禁止使用武力来单边实现民主与人权，这恰恰是民主与人权的普适主义核心。西方将这种普适主义的有效性要求连同它的政治基本价值，也就是民主自决（Selbstbestimmung）的方式，与人权的词汇联系了起来。这种有效性要求不能和帝国主义的要求相混淆，后者将某种特定的（即使是最老的）民主的政治生活方式和文化当作了所有其他社会的摹本。

那些老大帝国的"普适主义"就是这样的，即将自身置于世界图景的中心，以此视角来观察超出其视域的世界。而与之相反，现代的自我理解受到了平等的普适主义的影响，它不仅要求不得以自己的视角作为中心，还要求将自身的视角和他者的同等有效的阐释视角进行比较（entrelativieren）。美国的实用主义恰恰认识到什么对所有参与方是善的或正当的,这取决于相互的视角交融。现代理性法(Vernunftrecht)中的理性,并不能使自身成为普适的"价值"。价值不同于商品,后者可以在全球进行分配并向世界输出。价值——以及那些依赖全球承认的价值——并不是空泛的,而是在特定文化生活方式的规范性秩序与实践中获得其约束力。在纳西里耶①,数以千计的什叶派同时抗议萨达姆和美国的占领时,他们也表达了非西方的文化必须用其自身的资源和解读方式来掌握人权的普遍含义,并以此在本土经验和利益之间建立令人信服的联系。

因此,在国家间的关系中,形成多边的意愿不仅是众多选项中的一个。在自己选择的隔绝状态中,即便是一个自认为代表普遍利益的善意领导者,也有可能完全不知道其宣称为了他人利益的所作所为,是否实际上真的对所有人**同样**有益。除了国际法在世界范围的发展之外——国际法应当同等兼顾所有相关各方的声音并使他们彼此倾听——没有其他有意义的替代方案。因此,联合国迄今还没有遭受巨大损失。安理会中"小的"成员国没有因为大国的压力而屈服,因此联合国甚至赢得了声望与影响。只有联合国自身的过错,即如果它想要通过妥协来治愈那些无可救药的东西,才会损害其声誉。

---

① 伊拉克南部城市。——译者

第二部分

各民族复调中的欧洲声音

第三章 二月十五日
（又名：是什么将欧洲人联系在一起）？[①]

引言：雅克·德里达和尤尔根·哈贝马斯想在一篇文章上共同署名，此文同时也是一个呼吁。他们认为，法国哲学和德国哲学以往虽然存在论争——这些论争几乎将它们割裂开来——但今天它们极有必要共同发声。读者可以发现，这篇文章是哈贝马斯撰写的，德里达因为个人[身体]原因并没有参与，尽管他本人很想写。他向尤尔根·哈贝马斯建议共同署名，并表示同意此文的典范性前提和视角，即要超越所有的欧洲中心主义来确立新的欧洲的政治责任，号召重新确定并有效地改善国际法和机构，尤其是联合国；为重新分配国家权力提供新的观念和实践，这最好是建立在康德主义传统之上。此外，哈贝马斯的一些评论和德里达在《痞子：理性二论》(*Voyous: Deux Essais sur la Raison*, 2002) 中的一些思考有所交集。几天后，在美国将出版哈贝马斯和德里达的一本书。书中有两篇讲话，是他俩2001年"9·11事件"后在

分裂的西方 | 043

纽约发表的。尽管两人的论文和论证中存在一些显而易见的差异,但他们都寄希望于国际法在未来的机构和欧洲发挥新使命。(雅克·德里达)

我们不能忘记两个日子:第一个日子是,各大报刊向目瞪口呆的读者报道说:西班牙总理背着欧盟其他国家邀请主张参战的欧洲[各国]政府向小布什效忠。同样不能忘记的还有2003年2月15日。那一天,民众在伦敦、罗马、马德里、巴塞罗那、柏林和巴黎抗议"突然袭击"。这是二战以来最大规模的一次抗议。回过头来看,这些声势浩大的抗议活动的同时发生,可以视为欧洲公共领域诞生的标志,进而被载入史册。

在伊拉克战争爆发之前的那段沉重的日子里,一种道德上不知羞耻的分工引发了不少感触。势不可当的军事入侵拉开了一场声势浩大的后勤行动序幕,而人道主义救援组织的行动却仓促启动,两者像齿轮一样精密地咬合。这一戏剧性场面在民众眼前发生,但他们无动于衷,似乎其自身的一切感觉都已经被剥夺。他们将可能成为牺牲品。毫无疑问的是,这种感触的力量使得欧洲民众一起走上了街头。然而与

---

① 这篇和雅克·德里达共同发表的文章是一项倡议的一部分。翁贝托·艾柯(Umberto Eco)、阿道夫·穆希格(Adolf Muschg)、理查德·罗蒂、费尔南多·萨瓦特尔(Fernando Savater)和吉亚尼·瓦蒂莫(Gianni Vattimo)在不同的欧洲报纸中同时参与了这一倡议。

此同时,这场战争使人们认识到欧洲共同的外交政策早已失败。正如在全世界范围内,那种对国际法的任意践踏也在欧洲引发了对国际秩序之未来的争论。不过这些引发争议的论证对我们的影响更为深远。

在这场争论中,以往的分裂断层线变得更加明显了。超级大国的角色、未来的世界秩序、国际法的重要性和联合国,对这些问题所持的对立立场使得隐蔽的冲突公开化了。一方面,〔欧洲〕大陆和盎格鲁-撒克逊国家之间的分歧加深了,另一方面,"老欧洲"和中东欧准成员国之间的差异也更加深化了。在英国,英国与美国的"特殊关系"[1]绝非毫无争议,但这一关系在唐宁街的优先顺序中绝对排在最前列。中东欧的国家虽然在争取加入欧盟,但并不准备去限制刚刚获得的主权。伊拉克危机恰恰是催化剂。在布鲁塞尔的宪法会议上也反映出了不同国家间的矛盾——有些国家真心想扩大欧盟,有些国家则因为**可以理解**的利益而想要冻结目前这种跨政府的治理模式,或者仅仅粉饰一下。现在,这一矛盾再也无法掩盖了。

未来的宪法将规定有一个欧洲的外交部长。但是,如果各国政府并不按照沟通好的政策行事,这一职务又有什么用

---

[1] 指在外交上特别坚固的两国关系。——译者

呢？菲舍尔①换了一个头衔之后，还是和索拉纳②一样并不握有实权。目前，只有欧洲的核心国家准备好赋予欧盟一些国家的属性。如果这些国家只能就"自身利益"的定义达成一致，那还能做什么？如果欧洲不想四分五裂，这些国家就必须使用在尼斯达成的"加强合作"的机制，以此在一个"发展速度不同的欧洲"开启共同的外交政策、安全政策、国防政策。这会造成一种其他成员国——首先是欧元区的成员国——无法长久摆脱的效应。在未来欧洲宪法的框架中，不可以也不能存在分裂主义。这方面的进展并不意味着排除。一马当先的核心欧洲不可以故步自封为一个小欧洲。她必须做火车头，当然，她经常如此。欧盟成员国之间的紧密合作，会出于自身利益的考虑而敞开大门。核心欧洲越早具备对外行事的能力，就越能在一个复杂的世界社会中证明不仅军队有用，协商、关系和经济优势等软实力也是有用的，这样受邀国才会更愿意加入。

将政治割裂成愚蠢的、代价高昂的非战即和的二元对立，对世界是无益的。为了平衡美国的霸权单边主义，欧洲必须要在国际层面和联合国框架内有所作为。在世界经济峰

---

① 1998—2005年任联邦德国外交部长、联邦德国副总理；1999年1月1日至1999年6月30日任欧盟议会主席。——译者
② 1995年12月—1999年10月任北约第9任秘书长；1999年11月任西欧联盟秘书长。2004—2009年任欧盟理事会秘书长兼欧盟负责外交与安全政策的高级代表。——译者

会上，在世界贸易组织、世界银行和国际货币基金组织这些机构中，欧洲应当对塑造未来的世界内政有所影响。

无疑，欧盟东扩的政策遇到了行政操控手段的边界。一直以来，要建立一种共同的经济和货币区域的功能性要求已经推动了各种改革，但这一驱力也已消耗殆尽。于是，不仅要求成员国消除竞争壁垒，还要求[它们]拥有共同的意愿。这样一种**塑造性的**政策，依赖于**公民自身**的动机和思想。有关影响深远的外交政策转折的多数派决议，只有当处于劣势的少数派也肯团结合作时，才有可能被接受。但是，这是以一种政治上的共同归属感为前提的。为了扩展欧洲的维度，各国人民必须要在其民族认同之上"更上一层楼"。今天的国民团结是非常抽象的——仅限于对自己民族的归属感——未来，它必须拓展到其他民族的欧洲公民。

这就引入了"欧洲认同"的问题。单单意识到我们具有共同的政治命运和共同的未来就可以让少数派不去阻碍多数派的意愿。从根本上来说，一个民族的公民必须将另一个民族的公民视为"我们中的一员"。这方面的缺失引出了如下问题——这也是不少怀疑论者的反应——是否存在这样的历史经验、传统和成就，它们对欧洲公民而言，可以构建起对于**同舟共济**的政治命运的意识？对未来欧洲的诱人的、不遗余力的"愿景"并不会从天而降，今天，它只能从走投无路的不安感中诞生出来。在这样的窘境中，欧洲人**可以**唤起那

分裂的西方 | 047

种愿景，但它必须在一个众声喧哗的公共领域中进行表达。如果这一主题至今还没有列入议事日程的话，我们知识分子就失败了。

欧洲认同的嬗变

人们容易对没有约束力的东西达成一致。在我们所有人的脑海中都有一个欧洲的形象，它是和平的、合作的，对其他文化保持开放，并且是具有对话能力的。我们欢迎这样一个欧洲，她在20世纪下半叶为两大问题找到了解决方案：首先，欧盟如今已经成为"超越民族国家进行治理"的范式。这种治理在后民族格局中可称得上是楷模。其次，长久以来欧洲的福利国家也堪称榜样，但是在民族国家层面，它们现今都面临挑战。而即便未来的政治要在更大范围内驯服资本主义，它也必须达到各种社会公正的标准。如果欧洲面临如此巨大的两个问题的挑战，她为什么不迎接新的挑战，在国际法基础上捍卫和促进一种世界主义秩序并反对与之竞争的设想呢？

当然，一种全欧洲的话语（Diskurs）必须要符合现有的安排，这些安排在某种程度上要等待一种令人激动的自我理解进程。这种大胆的假设似乎与两个事实相矛盾：欧洲历史上最显著的成就，不恰恰是因为其在全世界范围内的成功而失去了构建认同的能力吗？有什么可以使一个以自信的民族之间不断对抗而著称的地区保持团结呢？

因为基督教和资本主义、自然科学和技术、罗马法和拿破仑法典、市民—城市的生活方式、民主和人权、国家和社会的世俗化，已经传播到了其他大陆，这些成就便不再是［欧洲的］排他性财产（Proprium）。西方人的精神根基在于犹太—基督教信仰，它们具有某些特征。但是，这些以个人主义、理性主义和能动主义为特征的精神习惯，是欧洲民族和美国、加拿大和澳大利亚所共有的。而作为精神框架的"西方"远远不止欧洲。

此外，欧洲由民族国家组成。它们彼此对立。那些在民族语言、民族文学和民族历史中鲜明存在的民族意识，长久以来就具有破坏力，但在对民族主义的破坏性力量的反应中，出现了一种观念模式。这模式使得欧洲从非欧洲人的视角来看，具有极大的文化多样性。一种文化，几百年以来由于城市和国家、教会和世俗的暴力冲突，由于信仰和知识的竞争、政治统治和敌对阶层的斗争，要比其他文化更为撕裂，它必须通过痛楚学会如何交流差异，如何将对立的东西进行体制化并消弭对立。对差异的承认，即就其差异性而对他者的彼此承认，可以成为共同的标志。

福利国家消弭了阶级对立，国家主权在欧盟框架内要进行自我限制，这些都是最新的例子。在20世纪的最后25年里，用埃里克·霍布斯鲍姆的话来说，位于铁幕这边的欧洲经历了她的"黄金时代"。从那以后，我们可以看到一种共同的政治形态，这种特征使得他人更多地将我们看作欧洲人，而不是德国人或法国人，不仅在香港如此，在特拉维夫也是这样。的确，在欧洲社会中，世俗化相对而言更为深入。在这里，公民不信任政治和宗教相互越界，相对更愿意信任国家的组织能力和操控手段，对市场的能力则有所怀疑。他们对"启蒙辩证法"有深刻的感知，对技术进步并不抱有深信不疑的乐观预期。他们优先考虑的是福利国家对安全的保障和[有利]团结的规定。对个人使用暴力的容忍度相对很低。他们不仅渴望那种多边的、用法律来加以调节的国际秩序，也渴望在改革后的联合国框架中实现一种有效率的世界内政。

这样一种在冷战阴影下有利于西欧人的格局，发展出了一种心态，但这一心态在1989或1990年之后解体了。2月15日的事情表明，这种心态超出了其自身来源的语境。这也解释了为什么"老欧洲"感觉受到了与其**结盟的**超级大国的霸权政治的挑战。还有，为什么有那么多欧洲人认为萨达姆的倒台是一种解放，但同时反对[对伊拉克的]入侵，认为这违反了国际法，而且是单方面的、预防性的，还缺乏充足的理据。然而，这种心态有多稳定呢？它的基础是在更深的历史经验和传统之中吗？

今天我们知道，很多政治传统诉诸朴实权威的表象，然而它是被"发明"出来的。与此相对，一种诞生于公共领域的欧洲认同从一开始就是被建构出来的。但是，一种武断建构起来的东西会带有随意性的缺陷。而政治—伦理意志如果是在自我理解进程的解释学中发挥作用的，它就不是武断的。我们要接受的和我们想要拒绝的遗产之间的区别，要求我们审慎地选择我们的学习方式。历史经验只是为了寻求一种有意识的学习，否则，历史经验就不能要求一种具有建构认同的力量。最后再就此说几句。因为它，战后欧洲人的心智才能够获得鲜明的特征。

政治特征的历史根源

在现代欧洲，在比利牛斯山脉内外，阿尔卑斯山南北，莱茵河两岸，国家和教会的关系发展有所不同。国家权力的世界观的中立性，在不同的欧洲国家采取了不同的法律形式。但在公民社会内部，宗教在所有地方均采取了非政治的立场。即便人们对社会中信仰的个人化表示惋惜，它对政治文化也有一种值得期许的后果。对我们而言，很难设想有这样一个总统，他以公开的祈祷开始每天的公务，并把至关重要的政治决定和上帝使命联系起来。

这种市民社会的解放，源于绝对统治的监护权，并非在

分裂的西方 | 051

欧洲的任何地方都是与民主对现代行政权力的占有和改造联系在一起的。但是，这种法国大革命的理想传播到了欧洲各地，它解释了为什么在这里政治在双重意义上——既是确保自由的媒介，又是组织化的权力——被认为是积极的。与此相反，实现资本主义却始终带有尖锐的阶级冲突。这种记忆导致了对市场的成见。对**政治与市场**的不同评价，可能使得欧洲人更为信任国家的文明力量，人们也期待国家可以纠正"市场的失败"。

那种源自法国大革命的政党体系经常被仿效，但是它只有在欧洲才能起到意识形态竞争的作用。这种竞争使得资本主义现代化的社会病理结果要接受政治评价。这也加剧了**民众对进步矛盾性的敏感**。保守的、自由的和社会主义的阐释之间的争执，关乎对以下两方面的估计：生活方式的去整合化所导致的损失，是否超出了空想进步的获利？抑或，创造性的毁灭所应允的未来获利是否压倒了现代化过程中失败者的痛楚？

在欧洲，相关各方长期的阶级差异已经被理解为一种宿命，只有集体行动才能避免它。因此，在工人运动和基督教福利观念的语境中，一种团结一致、以追求同等福利为目标的**"更多社会公正"**的斗争伦理才得以贯彻。它反对绩效公正的个人主义伦理，后者要承受巨大的社会不平等。

20世纪的极权统治和大屠杀刻画出了今天的欧洲，比如纳粹在被其征服的国家压迫和毁灭欧洲犹太人。那种对这一过往的自我批评的争论，在记忆中唤起了政治的道德基础。对伤害人格和身体完整的敏感性的提升，也反映在欧洲议会和欧盟将废除死刑作为加入[欧盟]的条件之一。

一段好战的历史将所有欧洲民族都拉入了血腥的争斗中。欧洲人在二战之后，从彼此的军事和宗教动员的经验中汲取教训，要发展出超民族的合作形式。欧盟的成功历史增强了欧洲人的信念，即对国家使用暴力的约束，也要求在全球层面上**相互**限制主权的行动空间。

每一个欧洲民族都经历了一段帝国权力的黄金时代。对我们的讨论重要的是，必须要消化帝国的消亡经验。这种**衰落的经验**在很多情况下，是和丧失殖民地联系在一起的。随着帝国统治和殖民历史之间的距离不断加大，欧洲各大国也可以由此对自身**保持一种审视的距离**。这样，他们就能学会站在战败者的角度来体验胜利者的可疑角色，以此来追究那种强加的和断根的现代化暴力的责任。这也有利于放弃欧洲中心主义，并加快实现康德的世界内政。

第四章 核心欧洲的对抗力量？
再度追问[①]

1. 问：您在（2003年4月17日《法兰克福汇报》刊载的）《雕像倒下意味着什么？》一文中宣称，美国是20世纪的规范先驱，而欧洲是21世纪初的区域权威和道德权威。但如果后者的目的旨在让欧洲作为颁布标准的行动者登上世界舞台，强调欧洲的特殊性，那么会不会产生对西方整体而言适得其反的后果，尤其是威胁到美国和欧洲的关系？

哈：霸权的形象不仅决定了词汇，而且决定了当代美国政府的行为。这一形象是与新世界秩序的自由原则相矛盾的。现任总统的父亲[②]曾亲口提及这一新世界秩序。请允许我来谈一段我自己的人生经验：当我还是个小学生时，我就已经受到了18世纪美国和法国大革命理念的教育。当我今天说那种道德的权威——即美国作为全球人权政策维护者的角色——已经消亡了，我仅仅是在捍卫它自身的原则，就像当年反对越南战争的抗议一样。我们的批评恰恰来自美国传统中较好的那一部分。只有当欧洲重新找回自身的力量，这才不会仅仅是一种忧怨。

2.问：您定义了欧洲建构认同的七种标志——世俗化、国家先于市场、团结先于效率、对技术的怀疑、意识到进步的矛盾性、拒斥强者法则、基于历史经验的和平导向。这些认同似乎都是通过和美国的比照获得的。考虑到共同的普遍主义基本导向和其他的反面形象，例如原教旨主义的神权国家，这种对立是否被过于突出了？

哈：毋庸置疑，伊朗和德国之间存在政治心态的差异。但是，如果欧盟想要在国际秩序的普遍主义设计方案上提出一个不同于美国的有竞争力的草案，或者至少想让欧洲形成一种对霸权单边主义的政治制衡的话，欧洲就必须获得自我意识和自己的鲜明特征。它必须独具特色——并不是反对"西方"，因为我们自己就是西方；也不是反对老式民主的自由传统，因为它也根植于欧洲。它必须反对那种危险的世界观政策，远离那些在非常偶然、值得怀疑的情况下获得政权，并且可能不久便会再次落选的人。我们不应该通过宏大理论来赋予这些偶然性更深的意义。

---

① 这次访谈是阿尔布莱希特·冯卢克（Albrecht von Lucke）为《德国和国际政治杂志》（*Blätter für deutsche und internationale Politik*）进行的。
② 指老布什。——译者

3. 问：美国对战争的强烈支持，是否主要归因于原教旨主义的心态差异，或者更多应归因于媒体影响？

哈：如果说到政治的可诱导性、对老大哥宣传的敏感性，我们所有人都一样易受影响。对大众的动员和对"9·11"的整体化的媒体炒作，可能和那种迄今为止未受伤害的历史经验有关，但并不直接和心态差异有关。1965年以来，我经常去美国，每次会在那里待上一个学期。在我的印象里，给公开政治论争的空间从来没有像今天这样受限。由政府官员来影响民意以及爱国主义随波逐流的程度，是我以前认为不可能出现的，至少不会出现在自由的美国。然而，在这片多民族的大陆上，离心力也从未如此之强。自1989年以来少了一个外部敌人，而外部敌人的一个隐藏功能就是可以压制国内矛盾。华盛顿的一些人可能乐意看到恐怖主义取代了这一角色。

4. 问：您认为，未来的欧洲统一进程中的核心角色属于核心欧洲。但是谁属于核心欧洲呢？谁应当在未来承担起尼斯机制①的推动性角色呢？

哈：如果要严格地制定一个"起步的"计划，那么它既要具

---

① 指2000年12月在欧盟尼斯理事会上通过的《尼斯条约》，2001年2月由欧盟部长理事会正式签署。它规定欧盟委员会委员数须少于27名，还规定了按成员国人口分配表决票数的基本原则，大大提高了欧盟的决策效率。——译者

有象征性力量,又要能够塑造心态,此外还要容易被落实为共同的外交政策,法国、德国、荷兰、比利时和卢森堡必须一致行动。其次,必须把意大利和西班牙拉进来。各国民众不是首要问题,各国政府才是。希腊政府可能会同意共同采取行动。

5. **问**:未来的东欧将承担怎样的角色?由于过去50年缺乏共同的历史经验,欧洲和"其余部分"会分道扬镳吗?东欧那些想加入[欧盟]的国家会因此被长期排除在外吗?

哈:这是一个显而易见的分歧。如果就此而言还可以加入欧洲的话,为什么会谈到"排除"呢?我能够理解那些民族的精神状态,他们此时对重新获得主权感到高兴;像亚当·米奇尼克(Adam Michnik)[①]那样的朋友,将从苏联统治中得出的历史经验运用到伊拉克,我也能充分理解。但这与"排除"的意义是不同的! 在这里我们要注意三个事实:首先,欧洲统一的速度始终是由法国和德国共同决定的。例如,施罗德和若斯潘[②]二人就可以决定整个进程。其次,正如欧元区所显示的那样,欧洲内部已经存在不同的速度。在可预见的未来,英国出于自身原因不会加入货币联盟。最

[①] 波兰著名历史学家、散文家和知识分子,曾担任《华沙选举报》(*Gazeta Wyborcza*)主编。——译者
[②] 施罗德1998—2005年任德国总理,若斯潘1997—2002年任法国总理。——译者

后，对一种共同外交政策的要求，与其说是一种倡议，不如说是一种紧急情况下产生的反应。可能没有人会比理查德·罗蒂表述得更好，他说"耻辱还是团结"①。东欧也不应该将这理解为"排除"，而是应当理解为与欧洲的其他部分团结起来的号召。

6. 问：在您看来，英国对欧洲具有怎样的意义？尽管有声势浩大的反战抗议，因为其精神影响，英国可能更接近美国而不是欧洲，如果我们将义务论的欧洲和盎格鲁-撒克逊式功利主义的美国对立起来的话。

哈：哲学传统与长期的国家政策之间的关联，并没有那么紧密。欧盟的成立对英国而言始终是一个问题，而且在可以预见未来将一直如此。但是，布莱尔全力拥护的单极世界，仅仅是多种立场中的一种。我们可以从自由主义的"前景"看到，英国的那种**特殊关系**绝对不是毫无争议的。此外，如果我没有看错的话，布莱尔对布什的尼伯龙根式的忠诚，建立在完全错误的前提之下。人们在英国也能觉察到这一点。请允许我笼统地说，英国人对未来欧盟的设想不同于法国人或德国人的，但这种差异和布什政策或伊拉克战争无关。我

---

① "Humiliation or Solidarity? The Hope for a Common European Foreign Policy", *Dissent* 50/4, Fall 2003, 23-6. 这是上一章中提及的，由哈贝马斯和德里达提出的倡议的一部分。——译者

认为，如果要继续掩盖这种差异，对欧洲是无益的。

7. **问**：您始终将宪法爱国主义和共同的历史联系起来，但又一直对排他性提出明确的警告，要求包容他者。因而在欧洲的宪法爱国主义意义上，欧洲认同必须不那么普遍主义，而且必须更为开放吗？

哈：将宪法爱国主义单纯理解为对抽象原则的崇拜，这是对对手倾向性的误解，以为他们宁可拥有具体国家的东西。我忍不住想引用我和让·马克·菲睿①一次谈话的内容，我在1988年就已经探讨过宪法爱国主义的观念（参见 *Die nachholende Revolution*，法兰克福：1990，149—156）："同一种普遍主义的内涵，必须从自身历史的生活关联中习得，并扎根于自身的文化生活方式。每一种集体的身份，也包括后民族的身份，为了能够清晰成形，要比道德、法律和政治对立之总体更为具体。"在全欧洲的公共领域语境中，公民必须发展出一种完全不同于美国市民社会的自我政治理解。

8. **问**：换一个问法：如果身份还原为历史中成长出来的集体心态，这是否会导致它被误解为实质性的危险？

哈：欧洲共同点的实质还太少，这才是危险。

---

① Jean Marc Ferry，法国哲学家，将哈贝马斯的作品译为法语。——译者

9. **问**：什么才是具体的欧洲经验，"它创造了一种共同受苦、共同塑造政治命运的意识"？

哈：人们通常是从消极的经验中学到东西的。我在5月31日《法兰克福汇报》的文章中提到了宗教战争、信仰和阶级对立，还提到了帝国的衰落、失去殖民地、民族主义的毁灭性力量和大屠杀。消化这些经验也可以带来机遇。欧盟自身就是这样一个例子。欧洲的民族国家很好地、建设性地处理了其好战的历史。这一项目目前正处在需要立宪的阶段，如果能实现，欧盟甚至可以成为"超越民族国家进行治理"的典范。

10. **问**：欧洲内部的历史经验——比如"新老欧洲"之间以及每个具体事件——在很大程度上其实并无区别吗？

哈：确实是这样。但是分裂它们的东西不应当压倒共同的东西。如果没有布拉格、布达佩斯和华沙，或者没有巴勒莫，谁想要保持某种历史意识是根本不可能的。历史学家将统治西西里和意大利南部的腓特烈二世①称为第一个"现代"摄政王，这不是没有道理的。

11. **问**：您提出"各国民众必须在一定程度上拓展他们的民

---

① 神圣罗马帝国皇帝腓特烈二世（1194—1250），曾主导第六次十字军东征，并且兵不血刃地占领了耶路撒冷。——译者

族身份认同，以此来延展欧洲的维度"。它具体来说指的是什么？

哈：一个共同货币区的成员国要在政治上共同成长，如果不将税收政策协调一致，或者不把各自的福利政策协调起来，那是无法持久的。因此就需要进行重新分配，这是最艰难的部分。如果葡萄牙人和德国人、奥地利人和希腊人没有准备好承认对方是同一个政治共同体中的公民，也是办不到的。即便是在国家层面，仅靠法律建立起来的团结在国民中也是非常松散、抽象的。但是在联邦德国，这种松散的基础足以在40年的分隔之后让西部持续地向东部支付费用。在欧洲，一个更为薄弱的团结性也就足够了，但是这种国民的共同归属感是必需的。从这个角度看，2月15日同时在伦敦和罗马、马德里和柏林、巴塞罗那和巴黎进行的游行，可能是重要的一步。

12. **问**：您提出，欧洲可以将全球内政事务提升到国际经济关系的轨道上来。那么这样一个欧洲的未来行动能力，如果不建立在军事力量之上，具体将建立在什么之上呢？

哈：完全没有军事力量也不行。伊拉克战争让人们意识到，迫切需要对联合国进行改革。G8峰会变成了一种仪式。我尤为关心的是，如果不想让全球自由贸易政策只给一方带去不对称的好处，却毁掉整个国民经济的话，就需要对其进行调控和管理。欧元区国家可以将他们在国际货币基金组织、世界银行和负责国际收支平衡银行中的份额**组合**起来,这样他们在一些问题上[施加]影响就更为有效了,比如从全球金融市场的秩序到贸易争端,再到税收政策的平衡。您知道,我不是这一领域的专家。但这也不是说,除了现今已经存在的世界经济的新自由主义理性和华盛顿所代表的秩序外,不存在其他的替代[秩序]。

13. 问:您认为,2月15日的游行标志着新的欧洲公共领域的诞生,并提到了伦敦和罗马、马德里和巴塞罗那、柏林和巴黎,那么这场从雅加达到华盛顿的抗议,是不是一种新的世界公共领域的宣言?

哈:我相信,在西方和在(伊斯兰的)东方,抗议的动机和理由是不同的。如果要在时间上更加集中地讨论某一话题的话,世界公共领域在越南战争之后已经反复出现。有意思的是,通常是在发生战争或屠杀的时候。似乎人们可以跨越文化的界限达成一致,眼下人们对侵犯人权感到愤怒,但是从卢旺达和科索沃来看,并不是所有的暴行都引发了同等的关注。

第五章　德国—波兰的心理状态[①]

1.**问**：德国与波兰的关系似乎处于深重的危机之中。1989年之后，人们提过德国—波兰利益共同体。但是最近一年多以来，我们却一再受一些问题的困扰，包括对美国和伊拉克战争的立场、欧盟宪法以及历史问题。您如何描述今天德国人对波兰人的态度？理由是什么？

哈：我当然不能代表"德国人"说话。但是正如您所知，在伊拉克战争的问题上，我们国民中的大多数人是明确反对华盛顿政府中的战争贩子的。根据我的观察，这并不是出于和平主义，而是因为具有远见的规范性理由。对国际法毫无顾忌的侵犯，标志着超级大国的意志，即凭借一己判断就发动战争。谁以这种方式将法律置之不顾，也就是要让自身的利益、价值和道德信念不受制于中立程序的正当强制。这也等于使其他大国获得了许可，即如有机会同样可以毫无顾忌地使用暴力。顺便说一下，恰恰是从那些建立了联合国的美国人那里，我这一代人学会了要相信国际法的文明力量。

当然，很多波兰人从他们民族的历史经验中找到了很好的理由来怀疑国际条约和组织，怀疑1945年以来逐渐推进的国际法的宪法化。但是，我们并非总是能以古鉴今。尤其让我感到惊讶的是，那个虚弱的、机会主义的奇特联合（政府），那个后共产主义政府是如此担心其声誉，而之前的反对派知识分子本来原则性还是很强的。这样一个联盟被美国的分裂政策玩弄于股掌之间——在民族主义者的欢呼声中，它已经准备好让欧盟宪法落空。在日益紧张的德波关系中，德国这边对当下进展的失望也表现为对历史记忆的分裂；波兰那边同样可以理解为历史经验[为什么]再次激起了对德国在欧洲主导地位的不信任。德意志[第三]帝国曾经在东方进行过毁灭战。特别行动组在波兰的城市和村庄大肆破坏。纳粹在波兰边界建起了死亡营，招募劳工进行强制劳动，还谋杀和掳走了波兰人。

2. **问**：如果人们思考学生运动和"历史学之争"(Historikerstreit)，就会发现德国人经常讨论纳粹历史。但是这两三年来，似乎历史话语的重心逐渐转移到了德国人在战争中遭受空袭和流离失所的苦难上。您如何看待德国历史意识的这种转变？

---

① 这次访谈是在2003年12月布鲁塞尔的"宪法峰会"流产之后，由华沙 Gazeta 杂志的驻柏林记者 Anna Rubinowicz-Gründler 进行的。

哈：请您想一下那些关于移民的报道，他们在二战之后返回了被毁的城市，他们的家乡，比如汉娜·阿伦特①和麦克斯·霍克海默②。当时德国民众充满了对自身苦难的哀愁。人们认为自己是受害者，很长时间以来忘记了谁是真正的受害者。这种被亚历山大·米特舍里希和玛格丽特·米特舍里希③归结为压抑的氛围，在50年代末开始发生变化。从那时开始，我们经历了一种浪潮：清算纳粹历史的努力和重建"常态"的号召交替出现。在此期间，大屠杀成为全世界的警示。"记忆政策"（Gedächtnispolitik）——战后出生的几代人对集体罪行和以往的助纣为虐的讨论——今天在不少国家已是一种常态，不仅在欧洲，在南非或阿根廷、智利也是如此。

在我看来，这种论争无论是在德国的媒体还是公共讨论中，其强度并没有减弱。但是伴随着历史间隔的扩大，有两件事发生了变化：其一是常规的隔离和压制，迄今在现有公共领域中有效地应对了来自右翼的意见。在官方允许的公共

---

① 1906—1975，德国哲学家，政治理论家。出身于德国汉诺威的犹太家庭。1933年纳粹上台后流亡巴黎，1941年辗转至美国。其代表作有《极权主义的起源》《艾希曼在耶路撒冷》等。——译者
② 1895—1973，德国哲学家，社会理论家，法兰克福学派创始人之一。1933年迁往日内瓦，后又移居巴黎。二战后应西德政府的邀请返回德国。——译者
③ 亚历山大·米特舍里希（1908—1982），德国心理学家，与其妻玛格丽特·米特舍里希（1917—2012）一起建立了法兰克福的弗洛伊德研究所。其成名作《哀伤无能》（*Die Unfähigkeit zu trauern. Grundlagen kollektiven Verhaltens*, 1967）讨论了战后德国社会未能充分消化和处理大屠杀、战争罪责等问题。——译者

言论和个体表达出来的偏见之间,存在着并非正式划定却被有效认可的界限,只有这样才能在几十年的时间里使民众的政治思考方式变得自由化。在霍夫曼的案例①中,这一机制再次发挥了作用。即便没有公共舆论和非正式意见之间的落差——这种落差某种程度上是人为的,只有依靠公民教育才能维持——在奥斯维辛[发生]的三代人之后,这种灾难性的政治思维仍在大行其道。

您说的完全正确,这种挑战或多或少与另一种现象有着偶然关系——德国人在战后不能公开哀悼本国死难者。他们的死亡和一个犯下战争罪行的政权的作为之间存在历史关联,这个政权获得了大部分民众的支持。在这种特殊条件下,我们终止了源于19世纪文化传统的对战争死难者的纪念,取而代之的是为被德国人杀害的遇难者建造纪念碑。我支持这样做,但我也很清楚,这种努力会留下痕迹。重新公开地悼念战争死难者是件自然的事,当然不是没有危险的。这种回忆不可固化为一种集体自恋或是对人不对己[的态度]。

3. 问:冷战终结和德国统一对历史意识的转变有怎样的影

---

① 2003年10月3日,德国基督教民主联盟(CDU)的马丁·霍夫曼发表反犹讲话,将犹太人描述为"犯罪民族"(Tätervolk),声称犹太人加入了共产党并在俄国革命期间充当秘密警察。时任CDU领导人默克尔其后一个多月和他保持距离。稍后霍夫曼被解除议员职务并开除出党。德国国防军的一位将军也因在(被泄露的)私人通信中祝贺霍夫曼而被解职。——译者

响？德国现在已经变得自主和具有自我意识了。

哈：在几十年的分裂中，东西德人民的生活差异要比预计的还大。统一导致了心态的断层。1992、1993 年，避难者收容所被焚毁，这是前所未见的，右翼知识分子在"有自我意识的民族"的旗号下推进修正主义。但是，这种民族主义脱轨的危险在 1995 年 5 月 8 日被制止了，当时大多数德国民众同意把 1945 年 5 月 8 日这个投降日命名为"解放日"，虽然这与当时人们的历史经验有所不同。我当时正在华沙。我仍然记得此事对我而言有多么沉重，在这个 50 周年纪念日当天，作为一个德国人，我在波兰召集了一场会议。

4. **问**：社会学家哈拉尔德·韦尔策（Harald Welzer）做了有关国家社会主义对德国人家庭记忆［影响］的一项研究。虽然今天的德国人已知悉纳粹统治是多么残暴，但是另一方面，大多数人都不承认自己的家庭成员和纳粹罪行有任何关系。三分之二的受访者认为其父母或祖父母在战争中遭受了苦难，只有百分之一的受访者认为其亲人直接参与了纳粹罪行。这对历史意识有怎样的效果？

哈：人们指责 "68 年人"①在与父辈的争执中过于缺乏信任

---

① 1968 年，西欧国家爆发了一系列学生运动甚至民众抗议。柏林、法兰克福及西德多地的成千上万学生走上街头。这次"68 学潮"的原因可归结为僵化的社会结构、缺乏对纳粹历史的深入探讨以及西德秘密参与越战等。该运动标志着德国大学生群体集体"向左转"的趋势。当年积极参与抗议的学生在德国被称为"68 年人"。——译者

和刚愎自用。我并不想否定这种改写自己家庭历史的倾向，人们总是将自己参与的罪行推到其他德国人身上。或许这样一种对罪责的匿名化，是其后几代人心态改变的代价。

5. 问：将纳粹时代的罪责推到一小撮纳粹身上，这样不是很危险吗？未来的几代人会不会最终彻底地否认德意志民族对德国历史的责任？

哈：我不想为颠倒是非和压抑进行辩护。但是，与各自家庭历史上的罪行划清界限的心理机制，并不必然导致这样一种对纳粹历史的解释——即广泛赞同这一政权，或者将大多数人"志愿协助"的罪行视为无所谓。在有所分离的历史书写以及政治启蒙工作中，仅仅让领导群体对此负责，而让民众解脱——这种在50年代占主导地位的倾向已经不存在了。另一方面，没有人可以预言，德国的政治心态从长期来看将会如何发展。

6. 问："被驱逐者联盟"（Bund der Vertriebenen）① 的埃利卡·施坦巴赫（Erika Steinbach）想建立一个"反驱逐中心"（Zentrum gegen Vertreibung），这得到了不少政界和知识界

---

① 该组织成立于1957年10月，主要代表了二战之后被逐出中欧国家的德国人。预计在二战后约有1 300万到1 600万德国人被逐出波兰、捷克斯洛伐克、匈牙利等国。但是该组织在东欧，尤其是波兰受到了严厉批评和抵制。——译者

人士的支持，也在波兰引起了人们的忧虑。波兰的政党以少见的一致表示反对，莱谢克·柯拉斯科夫斯基[①]、马雷克·埃德尔曼[②]和瓦德斯瓦夫·巴托赛夫斯基[③]等公共知识分子也表示反对。波兰人有理由害怕吗？

哈：是的，想要在柏林建立这样一个中心的计划，从历史的角度看是短视的，政治上则是愚蠢和缺乏敏感的，甚而是欠考虑的。像在柏林为欧洲被屠杀的犹太人建埃森曼纪念碑[④]这样的做法，好像是要开始创造某种"平衡"。正是这座纪念碑证明了与那种在种族中心主义视角下、只纪念本民族牺牲者的致命传统的决裂。人们必须在欧洲范围内消化驱逐这一沉重的话题，而且要注意其复杂性。在布雷斯劳（Breslau）建这样一个中心要比在柏林更为迫切。

我理解波兰人的担心，他们生怕过去的思维心态会在德国重生。直到 80 年代初，我也有这样的心态。不过，今天

[①] Leszek Kolakowski，20 世纪波兰著名哲学家、作家、翻译家。——译者
[②] Marek Edelmann，1922—2009，波兰著名犹太政治家和社会活动家，华沙起义的最后幸存者。——译者
[③] Wladyslaw Bartoszewski，1922—2015，波兰政治家、社会活动家和记者，二战时曾参与波兰地下抵抗运动和华沙起义。——译者
[④] 指建在柏林市中心的"欧洲被害犹太人纪念碑"，彼得·埃森曼设计，是由 2 711 块大小不一的长方体水泥碑石组成的碑林，占地 1.9 万平方米，碑林下方是一个地下档案展览馆，展示欧洲犹太人被纳粹德国迫害和屠杀的史料。2004 年落成，2005 年二战 60 周年纪念日对外开放。——译者

我并没有看到一种极大的倒退。红绿联盟政府①可能会不带成见地做出回应，但不会忘记历史。就此而言，波兰人可能无法找到比约施卡·菲舍尔更为谨慎的外交部长了。

7. **问**：您如何看待德国的反犹主义？在反犹主义、反犹太复国主义和反美主义之间有关联吗？

哈：有关联，这种意识形态上的关联正是那种激进民族主义的标志，它曾经对颠覆魏玛共和国起到了决定性作用。反美主义在德国一直是和极端保守主义相联系的，而且对那些无药可救的人而言，今天它依然是反犹主义的伪装。但是对这种历史组合的畏惧另一方面也掩盖了当下的讨论，还解释了为什么反对伊拉克战争的合理抗议和对沙龙政府的正当批评，经常受到错误的怀疑。此外，我们还面临另一种情况。很多犹太公民因为从根本上信任美国的保护，才逐渐决定生活在联邦德国。所以，伊拉克战争造成的两极化在自由主义的阵营内也制造了一道裂痕——德国人中的犹太人和非犹太人之间出现了撕裂。因此，这样一种意识对我们而言就更需要清晰起来——反犹主义在德国和在其他国家的意味有所不同，甚至经常是更为强烈的。

---

① 指1998—2005年德国社会民主党和绿党联合执政的政府，总理为施罗德，外长为菲舍尔。——译者

8. **问**：德国需要一场关于爱国主义的辩论或者对这个概念进行重新定义吗？

哈：默克尔女士①的这个建议，恕我直言，是一派胡言。但是，在当事人都去世之后，处理我们历史中的畸形因素的方式必将有所改变。

9. **问**：您提到了宪法爱国主义，它在欧洲的语境中意味着什么？

哈：民族意识不是从天而降的。它创建出了一种陌生人之间团结的抽象形式。波兰人为波兰人牺牲，德国人为德国人牺牲，尽管在生活中他们并不认识他们为之牺牲的那些人。国民的团结超越了地域和王朝的界限，并不是自然而然的，而是伴随着民族国家诞生的。现在我们要达成一种欧洲的一致，即要克服自身的民族狭隘。如果不能将国民团结拓展到民族界限之外，那就无法在 25 个国家的超民族共同体内部重新分配责任。像以前的爱尔兰、希腊和葡萄牙一样，今天新加入的国家有赖于这种（即便是暂时的）再分配。

10. **问**：各国领导未能在布鲁塞尔通过欧盟宪法。是不是扩大的欧洲过于多元，而德国和法国的并驾齐驱不利于凝聚

---

① 指现任德国总理安各拉·默克尔。——译者

整个大陆？

哈：德国政府积极支持波兰和其他中欧国家加入欧盟。但是在尼斯，欧盟的老成员国在两项任务上失败了。首先，他们无法就欧洲统一进程的目标在整体上达成一致，比如统一的欧洲还应当继续做一个更好的自由贸易区，或者对外还是一个具有行为能力的角色吗？其次，他们也没有成功地及时深化共同体的各种体制，一个像扩大了的欧盟这样的复杂构造是否还能被管理。这个宪法会议开得太晚了。此外，伊拉克战争让欧盟长久以来暗藏着的断层线上更加分裂了。美国的政策加深了整合论者及其反对者之间的对立。人们可以从历史角度很好地理解英国和美国的特殊关系，也能理解波兰的需求，即不想使其刚刚获得的国家主权受到限制。但是，人们同样也必须理解作为西欧基石的成员国的愿望是有其历史背景的，也就是说，我们不希望有外人来妨碍整合的深入。在我们这里，美国的霸权单边主义强化了以下的想法，即欧洲必须学会在全世界用一个声音说话。只有当"速度不同的欧洲"具有重叠的多样性，才能引领我们走出这个死胡同。

11. 问：您在这篇文章中和雅克·德里达一起为一个领先发展的核心欧洲而辩护，这会不会导致欧盟的解体呢？

哈：在布鲁塞尔出现的局面让我们认识到，一个正在变得无法治愈的欧洲，在英国、西班牙和波兰的分歧之下可能会解体。在此之前，欧盟议会从不曾让一个如此重要的计划这样轻易地流产。在布鲁塞尔，以自我为中心的民族主义发展到了极致，紧随其后的是财政上的相互压榨。这个致命的结果不是由任何一种核心欧洲的计划造成的，而恰恰是因为有人急不可耐地想让 25 个国家步调一致。

12. **问**：让领先的核心欧洲来推动发展，这种替代方案是否意味着对大陆的重新划分？

哈：我希望我准确地理解了您的意思。很多波兰人犹豫不决，既不想受德国和法国的压制，也不想独立于他们。但是，随着这两个国家进一步融入统一的欧洲中来，它们也越来越依赖多数决议。为了让人们相信核心欧洲只是一个过渡计划，出于自身利益的考虑要向其他国家敞开大门，人们现在就必须明确区分以下两个问题：一是分散决定共同财政的范围和使用，二是宪法政策的问题。只有当愤怒和不信任消失，实践才能表明，[有些国家]领跑不意味着排斥[另一些国家]。每个成员国要随时可以决定加入一种她喜好的"紧密合作"的形式。这种合作在欧盟条款中已经有所预见，而且在首个部分实现的货币联盟中已经初具雏形。除此之外，[您提出的]整个图景是错误的。如果不同的伙伴就不同政治领域的紧密合作达成一致，比如外交政策、内部安全或者税务协调，那么根本就不会出现一个强有力的"核心"。

分裂的西方

第六章　建立一种欧洲认同有必要和可能吗?

欧洲各国政府未能在大会上就草拟的宪法达成一致,欧洲统一进程陷入了僵局。由此可见,各民族和各成员国之间互不信任,欧洲的公民并没有政治归属感,各成员国也不愿开展共同的计划。下文中,我想先解决两个问题:首先,这样一种欧洲认同是否有必要(I);其次,与此相应的国民团结的民族扩展是否可能(II)。

I

在差不多半个世纪以来的欧洲统一进程中,似乎经常出现无法解决的问题。虽然没有办法解决这些问题,但整合进程还算有所进展。由此,功能主义者觉得他们的假定得到了证实,即政治上需要建立统一的经济和货币区域,这样才能产生有效的强制力量。如果能够巧妙地处理这些强制,那么其他社会领域也会从**自身**产生出一个日益紧密的超越国界的网络。决定模式的"路径依赖"的论证还得出了另一个相似的结论，这种模式日益限制了未来替代方案的空间。根据这种解读，政治精英甚至感到违背了自身意志，进入了一个有利整合的进程。鉴于一些非预期的结果，他们不得不接受那种过去已被接受，而且不断被固化的决策模式。

一个自发的、实现"越来越紧密的"联盟的统一进程，不仅解释了那种得过且过的政策，还减轻了行动者的责任——他们接受了这一看法，并且回避了那些无法解决的问题。按照这种解释，精英们坚持那种内部平衡的**政府间**决策模式，而并不需要考虑公民的**规范性**整合。但是，只有这种整合才能产生出超越国家边界的共同目标。系统整合与精英对路径依赖式决策的混为一谈，似乎使得一种共同的欧洲认同成为多余。只要一种对价值和规范的社会整合从根本上讲仍是必需的，它就会像一种意外产物一样自行出现。

我想指出的是，为何这种社会科学假设已经穷尽其解释力（1），以及为何今天这一统一进程会因为缺少欧洲认同而陷入僵局（2）。

（1）这些今天必须解决的问题，本质上是政治问题。它不是通过一种整合的功能性力量就能解决的，而这种整合是间接地由共同的市场和逐步积累的决策结果来推进的。如今三个问题纠缠在一起：(a)［欧盟］东扩的当下挑战；(b)已经完成的经济整合的政治结果，尤其是对欧元区国家而言；

分裂的西方 | 075

以及 (c) 变化了的世界政治格局。

(a) 欧盟东扩涉及 10 个国家，这意味着复杂性的增加，这对于现存的政治操控的结构和程序而言是无法承受的。[①]如果不能对宪法草案进行相应的调整，欧盟政府的能力甚至不能确保较弱的协调水准。除了有争议的投票权重之外，在多数决定中引入更多政治领域也是至关重要的。如何放弃一致通过的原则，政府间那种在国际条约的各方之间已司空见惯的协商作风，必须向协商决策机制的程序让步，我们在国内已熟知这种程序。但是，这将极大地提高合法化的成本。只有当少数派对多数派存在信任关系，他们才会接受被多数票压倒的情况。只有通过共同成员的意识觉悟，才会产生一方没有让另外一方吃亏的感觉。

至今为止，欧洲的经济统一还不是零和游戏。从中期来看，所有人都可以从中获利。所以，欧洲人民除了挪威、瑞典等少数例外，都接受了精英们自上而下制定的政策。但如果这些政策不能均等分配成本和收益，这种由"输出"来衡量的合法化将会让人无法接受。民众需要事先就参与讨论，而不是事后接受惩罚。在欧盟东扩之后，这一场景将经常出现，因为为了弥补和缩小新老成员国之间的社会经济发展鸿沟，主动的政治干预将成为必需。与相对较小的欧盟财政预

---

① G.Vobruba, "The Enlargement crisis of the European Union", in: *Journal of European Social Policy*, Vol. 13, 2003, 35-57.

算相比，围绕稀缺资源的分配冲突将会加剧，比如净投入和净收益国家、核心与边缘、南欧传统的接受援助国家和东欧新增的接受援助国家、大小成员国之间的冲突。

(b) 主动和有效的再分配政策绝对不仅是东扩的结果。东扩将再次加剧现有的经济发展鸿沟（例如在瑞典和葡萄牙之间），即便是在欧盟内部 15 个国家之间也需要进行协调，这在一条"消极整合"（弗里茨·夏普夫①语）的争议之路上已经无法回避了。只要事关平等的市场自由的体制化，各国政府就有必要废除对竞争的限制，换言之就是要**忽略**。相反，如果事关那些继续保留在国家管理中的政治领域，各国政府就要**有所作为**。建立一个统一的经济和货币区域的结果是产生出对和谐化（Harmonisierung）的需求——自里斯本欧盟峰会以来，各国政府已经用非正式协商来处理这种需求了。②这些公开协调的行动计划和方法（同辈互评、基准分析和政策学习），不仅涉及像劳动市场、经济发展那样的政治领域，还涉及像移民、司法和刑法那样的国家政策的核心领域。克劳斯·奥菲甚至提到了"社会政策的逐步欧洲化"。国家政策越来越多的联系，尤其是在欧元区内部，要

---

① Fritz Scharpf，德国法学和政治学者，德国马克斯普朗克社会研究所的退休教授。——译者
② 我要感谢克劳斯·奥菲（C.Offe）的演讲给我的启发，"Sozialpolitik und internationale Politik. Über zwei Hindernisse auf dem Weg zum 'Zusammenhalt' Europas". Ms, 2002 年 10 月。

分裂的西方 | 077

求用民主的方式来扩展狭隘合法化的基础。合法化要从结果转向共同参与塑造政治的议程，即便这些议程的关涉有所不同，所有成员国的公民也应同等参与。如果不能意识到自己归属于超越了国家边界的同一个政治共同体，那么这种改变是不可能发生的。

(c) 第三种挑战来自外部。在两极化的世界秩序终结之后，欧洲认为有必要重新定义其全球角色，尤其要重新定义其与美国的关系。对欧洲共同安全和国防政策的适度尝试，或许可以澄清今天统一进程在哪里陷入了僵局。如果没有一个全欧洲的民主意见和意愿构成［机制］，在象征和有效整合的领域中就不会出现共同的、由所有欧盟成员国一起承担的政策。上述意见和意愿构成［机制］虽然是在各个国家中发生的，但它们也要受到其他国家话语的检视。

(2) 对立宪进程的倡议可以被理解为对这些挑战的回应。新的宪法应当加深整合，增强欧盟的集体行动能力，并减少一再受到诟病的"民主赤字"[①]（Demokratiedefizit）。如果各国政府想对其迄今以来的政治风格进行并非毫无风险而且无论如何都颇为耗时的转型，甚而越过公民公决参与到

---

① 这个词最早出现在1970年代，英国学者大卫·马昆德以此来形容欧共体的民主合法性问题。指欧盟决策机构在得到公民认可和支持方面，与成员国相比仍然存在相当差距，而且决策机构缺乏透明度、不受公民监督，欧盟层面上的公众尚未形成，欧盟民主缺少直接实施的条件。2009年生效的《里斯本条约》为解决欧盟的民主赤字迈出了重要的一步。——译者

立宪进程中的话，他们甚至可以将宪法本身作为建构欧洲认同的工具加以利用，在这样一个计划中，这是可想而知的。而且，因为关于新宪法的辩论在议事日程中提出了"统一进程"中无法解决的、具有排斥性的"终极目标"（Finalität）问题，这个关于整个计划的目的（Telos）的棘手问题包括以下两个方面——首先是欧盟政治结构的问题：我们要哪一个欧洲？其次是地理认同的问题：欧盟最终的边界在哪里？但宪法草案并没有回答这两个问题。

我们要哪一个欧洲，这个问题仅在宪法的维度中是难以找到令人满意的答案的，因为国家（和国际法）的传统概念对此难以把握。一种也许只能满足为共同市场和共同货币提供政治框架的松散国家邦联模式，已经被来自布鲁塞尔和卢森堡的超国家体制的紧密网络所超越。另一方面，欧盟与一种以封建制方式组织起来的多民族国家（Nationalitätenstaat）的想法还相距甚远，后者能够协调其成员国的财政和经济政策。宪法草案虽然含蓄地承认民族国家是条约的主体——民族国家保留了退出的可能；但是，条约的成员国"以公民**和**国家的名义"起草了一部"宪法"。其第一条第一款以所罗门王式的语句开场："秉承公民们和欧洲各国家的意志，为塑造其共同的未来，欧盟制定了这部宪法……"成员国大会将这一草案命名为"关于一部欧洲**宪法**的条约"，并以此摆脱了概念上的对立——宪法专家们至今都是用这种对立来决定主权问题的。纯粹从法学角度来看，这个问题通过欧洲法优先于国家法的做法得以确定。虽然这不利于民族国家，但在政治上这些事务并非那么简单。

另一方面，边界问题本来可以在宪法中有所规定。但是由于政治原因，它尚无定论。对此似乎存在某种默契，即欧盟可以向东方和其他巴尔干国家扩展。所有进一步的关系应当通过协约来加以规定。事实上，边界问题因此在土耳其加入[欧盟]的问题上变得尖锐起来。土耳其自凯末尔以来一直自认为是现代欧洲的一部分。根据哥本哈根的有关决议和一般的加入[欧盟的]方式，这一问题还有待解决。

可以确定的是，在终极目标的问题上，立宪进程总会有一个时间点，那些潜在牵连的遗留问题会变得越来越紧迫，虽然还没有产生灾难性后果。政治结构和未来欧盟边界的问题可能在成员国大会加以讨论，但是这种关起门来的精英商谈在布鲁塞尔之外并没有找到共鸣，而且它也没有澄清根本的立场——真正的动机隐藏在欢迎欧盟和怀疑欧盟阵营无言对立的背后。所有人都知道这一点，但出于担心在欧洲议题上失误犯错，也没有人谈论它。欧盟的创始成员国更多是对整合论持有好感（除了贝卢斯科尼），而英国、斯堪的纳维亚半岛诸国以及东欧即将加入[欧盟]的国家则因为都对高昂的民族独立性感到骄傲，因此更多是想维持[各国]政府间的分治。

整合论者和分而治之论者之间的争执，会在欧盟专家轮的日常工作中得到解决，但不会成为关于目标和原则的争论并进入宽泛的政治公共领域。在欧盟及其成员国权责分配的问题上，还有在议会、内阁和[欧盟]委员会权责分配的问题上，似乎有两个动机在背后起着重要作用：一个是关于民族国家的当代意义在历史中的观念；另一个是经济—政治的秩序观念，尤其是关于政治和市场关系的观念。

那些按照既往外交概念来思考的人，会将民族国家视为主要的、在国际上具有行动能力的行动者。从这个角度来看，欧盟基本上是一个国际组织。虽然欧盟按照经济统治的机构和网络来看，俨然是一个重要的单位，但是它不能也不应允许有自己的**政治使命**。以此看来，在欧盟机构中表达出来的政治意志主要是对内的。相反，谁要是将经济全球化的进程以及"9·11事件"以来的世界政治格局视为一种挑战，想来发展"超越民族国家进行治理"的模式，就会更多地将欧盟视为全球性参与者的战略角色。这显然需要加强欧洲作为一个整体的集体行动能力。

对国际事件的相反认知经常和福利国家危机的相应解释联系在一起。西欧诸国面对这样的任务，会让自己珍视的保障体系来适应改变了的人口发展和全球经济的边界条件。它们按照自己的方式分别改造福利国家，但是需要改革的原因并非总是来自内部。这不仅涉及本国内部造成的问题——这些问题还在国家政策的范围内。因此就出现了这样的问题，各国政府是否必须适应那些改变了的边界条件，或者它们是否愿意通过世界经济治理机构，有可能的话，与美国竞争，从而对经济全球化发生影响。奉行干预主义而不是新自由主义的政府，只有凭借一个具有国际行动能力的欧盟，才能落实"欧洲的社会模型"。

这些情况的两极化将会通过外交和军事行动强制这两种彼此矛盾的经验，在日益不稳定的世界政治格局中加剧。现今（估计下一届还是如此）美国政府的政策以单极世界为导向，按照这种政策，单凭一个超级大国的霸权就可以抵御原教旨主义（还有拥有大规模杀伤性武器）所带来的风险，也可以在世界范围内实现政治和经济的现代化进程。欧洲各国要做出决定，是否在"志愿同盟"的框架中作为盟友来依赖华盛顿，或者他们更愿意强化一个具有集体行动能力的欧洲，以此在相对自主的条件下谋求"重建西方"[1]。

II

这些背景信念使得深入整合计划的反对者和支持者，在所有民族中都出现了两极化。但是，相关言论在不同民族间的分布并非同等重要，这也使得那些大成员国的政府行动背

---

[1] 参见菲舍尔的访谈，《法兰克福汇报》，2004年3月6日。

道而驰。1946年，丘吉尔在苏黎世大学发表了著名演讲，要求法国和德国着手统一欧洲，他将英国视为理所应当和美国及俄罗斯同等重要的角色，但并没有参与他们的计划。玛格丽特·撒切尔和托尼·布莱尔也偶尔表达了这种想法，即这种历史决定的理所应当在此期间并没有发生多少变化。其他的历史重要性体现在其他国家对欧盟的怀疑中。在[欧盟]宪法暂时搁浅后，随即爆发了关于提高欧盟预算的冲突。欧盟被内部冲突撕裂，它更像是一个欧洲列强逐鹿的新平台。一个由法国人、英国人和德国人组成的欧盟理事会，大约不会承担核心欧洲推动者的角色，但可能会尝试在已经发生变化的政府间主义（Intergouvernementalismus）[①]的条件下，回到民族国家所热衷的均衡政策。[②]

欧盟这种令人痛心的状态，似乎证实了"无人民论"（no-demos thesis）[③]，即欧洲不能立宪，因为没有立宪的"主体"。按照这个命题，欧盟不可能发展为一个具有自身

[①] 1960年代中期提出，1970年代初获得大发展。该理论遵循现实主义的"国家中心论"传统，明确坚持以主权国家作为分析单位，即在分析欧洲一体化时把成员国，尤其是成员国政府当作首要的行为体，强调政府的优先选择和政府间的谈判。——译者
[②] 我对施耐德在2004年1月发表的关于核心欧洲的讲话表示极大的担忧。
[③] 1993年10月德国联邦宪法法院关于马约的司法解释中隐含的"无人民论"，引发了关于欧盟民主合法性的大讨论，其要点包括：1. 依据马约建立的政府间共同体，目的是在欧洲人民中间构建一个更加紧密的联盟，联盟旨在促进欧洲人民在国家层面进行协调和组织，而非建立拥有其自身之人民的单一欧洲国家。2. 联盟尽管目前没有实际意义上的自身之人民，但构建共同体人民所需的条件应该得到培养和发展。3. 欧盟是一个立足于超国家基础之上的政府间共同体，其权能分配并不完全符合民主与法治的基本原则。——译者

分裂的西方 | 083

认同的政治共同体,"因为并不存在欧洲民族"。这个理由建立在如下假设之上,即只有一个通过共同语言、传统和历史联系起来的民族,才能为政治共同体提供必要的基础;只有在共同理想和共同价值导向的基础上,成员国才有能力并准备好接受彼此的权利和义务,才会普遍地信任和遵守这些规范。我想指出的是,这个解释经不起进一步的检验(1),即便它看起来得到了欧洲民族国家历史的支持。对于是否存在欧洲认同这样的问题,今天的回答是否定的,但是这个命题的提法也是错的。重要的是,它必须满足的一个条件是:公民能够将其国民团结拓展到各自的民族边界之外,并以相互包容为目标(2)。

(1) 在欧洲民族国家的框架中,一种抽象的、以法律为媒介的团结已经在国民中形成。这种团结陌生人的新政治形式,只有在和同样全新的民族意识交流中才会产生。那些地方的、同乡的和王朝式(与以宗教为依据的统治)的关联,转变为在一种以民主方式构成的民族里,作为积极成员的政治意识,这就是传统义务和忠诚发生交往性流动(Verflüssigung)的例子。因为民族意识完完全全是一种现代的意识形态(Bewusstseinsformation),虽然它是人为制造的自然规律(Naturwüchsigkeit)。民族历史的图景借助历史学家和民俗学家、法学家和语言—文学家而建构起来,通过学校和家庭渗入教化过程,并通过大众交往途径得以传播，通过义务兵役的动员而固定在几代好战者的思想意识中。

一般而言，它大约用了一个世纪渗透到整个民族中。显然只有在扩展的种族—社会特殊主义（Partikularismus）基础上，那种与以民族方式建立起来的国家的普遍主义原则之间的联系才能产生。民族主义与共和主义这两种因素在民族国家聚合，当然，这是在两次世界大战之后，在激进民族主义消退之后，才在德国出现的。因此，对于如何拓展民族国家团结的问题，我们必须考虑到这期间民族国家的团结出现形式上的变化。

共和主义的思想形态只有以接下来要谈到的方式摆脱其前政治的限定，正如民主实践释放出一种公共性自我理解的**内在动力**。今天，在医疗改革或者移民政策中，在伊拉克战争或者义务兵役问题中爆发出来的利益纠葛，更多是被当作公平原则而不是"民族命运"的问题来处理。这一情况说明公共协商有助于建构上述认同。"地位竞争"（Standortwettbewerb）同样有别于一个民族争夺"生存空间"或"太阳底下的地盘"。国民团结只能逐渐建立起来：比如，税负替代了人们牺牲自己生命的义务。对尼斯而言，对柏林和巴黎而言，我们都不准备去死。（因此，在普遍兵役制度下，盎格鲁-撒克逊国家几乎不可能打伊拉克战争。）

分裂的西方 | 085

宪法爱国主义的责任是在**政治自身**的媒介中形成和更新的，这表现为一种自我批评的（已经不止于德国的）"记忆政策"。关于大屠杀、纳粹的大规模犯罪行径的政治争论，使得德国公民意识到其宪法就是一种成就。公民不是将宪法原则理解为抽象形式，而是在他们各自的民族历史背景中具体地加以理解。作为自由文化的组成部分，这些原则必须进入历史经验的稠密网络和前政治的价值导向中。

就我们的讨论而言，一种重点的转换至关重要。这种转换是在向一种后民族意识形成的过程中发生的，即从对国家的情感归属到对宪法的情感归属的内在转移。**民族意识**是围绕国家产生的，人民可以将自己视为集体的、具有行动能力的行动者；然而，**国民团结**是从以民主方式形成的（自由与平等的）政治共同体的成员资格中产生的。集体对外的自我保存不再那么重要，重要的是维持自由秩序。**从对国家的认同转变为以宪法为导向**，普遍主义的宪法原则在某种程度上获得了优先于各国国家民族历史语境的地位。

这一从国家中心向宪法导向的转换，使得在民族国家框架内，那种本质上抽象的、以法律为媒介的"陌生人间的团结"的结构就可以初现端倪了。显然，这一结构还不完全是国民团结的扩展。我们越多地超越民族边界，关注普遍主义的内涵，对于那些法律原则的争议就会越少。那些法律原则长久以来已经决定了超民族组织的上层建筑和国际法庭的判决。我特别关心的是以下这个方面：宪法爱国主义的责任越是超越对国家的忠诚，就越可能出现——我们今天在超民族层面观察到的——"宪法和国家的逐渐脱钩"①。

(2) 宪法建构起一种法律人的组织，而国家组织起行动能力。从历史上看，民族国家是从革命环境中产生的。在这种环境中，公民为了获得其自由而要对抗压迫性的国家权力。后民族的宪法就缺乏这种激情（Pathos）；它产生于完全不同的环境。很长时间以来，国家就已经构建为宪法国家，今天它越来越多地面对日益独立的世界社会的风险。国家用超国家的秩序来回应这一问题，该秩序远不止要对单个国家的活动进行协调。②国际共同体和组织赋予自身宪法或者在同等功能的条约形式，但并不因此就获得了国家的特征。这种政治上的共同体化（Vergemeinschaftung）在某种程度上要先于超国家行动能力的建构。宪法和国家的相对脱钩体现在如下例子中，像欧盟或联合国那样的超国家共同体并不具备合法使用暴力的垄断途径，而这种垄断作为保证（Deckungsreserve）一直服务于现代的暴力、法治和税收国

---

① H. Brunkhorst, "Verfassung ohne Staat？", in: *Levithan*, 30. Jh., 2004, H. 4, 530-543.
② M.Zürn. "Democratic Governance Beyond the Nation State: The EU and Other International Institutions", In: *European Journal of International Relations*, Vol.6, 2000, 183-221.

分裂的西方 | 087

家的主权。尽管民族国家的暴力手段已经分散,但在布鲁塞尔和卢森堡奠定的欧洲法,还是优先于国家法,并要在成员国中加以毫无异议地贯彻。正因为如此,迪特·格林①可以声称,欧盟条约已经是一种"宪法"。

关于国民团结可能超出国家边界这一问题,我们必须注意到联合国和欧盟的特征差异。联合国是一个包含了所有国家的国际组织,它不允许在"内部"和"外部"问题上进行社会划分,它只要关注人权政策和确保和平的功能(亦即一种狭窄的合法化基础)就足够了。但对世界公民的团结而言,对明确违反暴力禁令和对大规模侵犯人权一致表示道德上的愤慨是远远不够的。对此,一个世界公共领域的交往结构是必需的,我们如今已经可见其初级形态(status nascendi)。在全球范围内一致的道德反应的文化格局也已初现端倪。换言之,一种较弱的世界公民社会的整合要求——它是对被感知的(也是受到国家刑事法庭调查的)大规模犯罪的消极反应——可能不会成为不可逾越的门槛。

但是,这种能力对于欧盟的整合需求是不够的。我们愿意假定欧盟对外要学会发出一个声音,对内要获得一种积极的能力。一个政治共同体内国民间的团结——尽管它如此巨大和异质——不能**仅仅**通过一种普遍主义的正义道德的消极

---

① Dieter Grimm,德国著名宪法学家,柏林洪堡大学教授。——译者

责任而建立起来。例如，联合国不能对侵略战争和大规模侵犯人权的情况无所作为。公民视彼此为一个特定政治共同体的成员，他们更多是依照这种意识来行动，即他们共同体的集体的、默认的生活方式有别于其他人。这样一种政治伦理（Ethos）不再是自然而然的了。自我政治理解必定伴随着民主进程，它是以透明的方式出现的，并且对其参与者自身而言是被建构起来的。

在19世纪出现的民族意识，就已经是这样一种构造（Konstruktion）了，虽然对其公民并非如此。因此，问题并不在于是否"存在"一种欧洲的认同，而是民族的场域是否可以对彼此开放，这样的话，在民族边界之外就可以展开关于欧洲议题的共同的政治意见和意愿形成机制。今天，只有在民主进程的基础上，才能建立一种欧洲人的自我政治理解。这当然并不带有对其他大陆人民的贬低。

国民团结的结构对其可能的、超越民族边界的扩展而言，并不构成障碍。当然，逐渐增长的信任不是一种共同的政治意见和意愿形成[机制]的**结果**，而是其**前提**。至今为止，欧洲统一进程是以这样一种循环实现的。即便今天，也只有通过**已经积累的**信任资本（Vertrauenskaiptal）才能深化欧盟民主，并对各国的公共领域进行必要调整。就此而言，法国和德国之间和解的意义如何高估都不为过。

分裂的民族历史和历史经验的分歧力量，一如穿越了欧

分裂的西方 | 089

洲大地的地缘裂痕，依旧是巨大的。布什政府的伊拉克政策违反了国际法，造成了巨大震动，也沿着历史的裂痕分裂了我们的国家。深入民族记忆的力量具有特殊的破坏力，因为各个民族国家同时是"欧洲条约的主人"。其他冲突（如区域、阶级立场、宗教团体、政党联盟、申请入盟的国家之间的冲突，或者成员国的大小和经济实力之间的冲突）指向的是利益状况，它们是如此错综复杂，可能对欧盟而言更多是具有一种调整作用。

III

如果这些源于历史的对立阻碍了欧洲的统一进程，"不同速度"的观念就获得了其现实性。先不要像德国外长那样去幻想扩大后的欧盟在世界上的战略角色[是怎样的][1]，政治精英们应当考虑一下官僚操纵模式的局限性。他们必须首先回答如下的问题：欧洲统一的争议其目的何在以及在哪些方面存在争议，才有希望成为公民自身相互理解进程的议题？没有公民的政治认同，欧洲将无法获得行动能力。这种认同只能在一个超民族的公共空间中产生。这一意识构建摆脱了上层精英的掌控，它不像共同经济和货币区域中的货物及资本流通那样，是由行政决定"产生"的。

---

[1] 参见菲舍尔的访谈，《法兰克福汇报》，2004年3月6日。

第三部分

举目乱世

第七章　关于战争与和平的访谈[①]

1. **问**：您曾经对美国在阿富汗和伊拉克进行的战争提出了激烈批评。但是在科索沃危机中，您支持了同样的单边主义，并且为一种（用乔姆斯基的话说）"军事人道主义"进行辩护。如何来区分这两者，一方是伊拉克和阿富汗，另一方是科索沃？

哈：在和乔瓦尼·波拉多利（Giovanna Borradori）的访谈中，我对阿富汗问题做了含蓄的表述：在"9·11"之后，塔利班政权不再遮掩它对基地组织恐怖主义的支持。至今为止，国际法还没有相应的条款。当时我所持的异议——比如针对出兵伊拉克——并不具有法学意义。美国政府用谎言来操纵民意的做法被曝光，这一点我暂且不谈。最近的这次海湾战争显然违反了国际法，小布什自2002年9月以来以此威胁联合国。本可用来为之辩护的两个条件都没有满足：要么联合国安理会有相关决议，要么伊拉克即将入侵他国。这也和能否在伊拉克发现大规模杀伤性武器没有关系。对预防性的进攻不能进行事后辩护：没有人可以因为怀疑而发动战争。

这里您就可以看出［伊拉克］和科索沃情况不同。西方根据他们在波斯尼亚战争中积累的经验（想一想斯雷布列尼察惨案！）必须决定，是否要坐视米洛舍维奇发动又一次种族清洗；或者愿意不顾自身利益而出手干预。当然，安理会当时受到了限制。毕竟还是有两个合法化的理由，一个正式的一个非正式的，虽然这两个理由都不能代替《联合国宪章》所规定的安理会的批准。一个理由是在即将发生种族屠杀时，援引（诉诸所有国家的）紧急援助的**"对世义务"**[②]原则，这毕竟是国际习惯法的固有部分；另一个理由是可以对情况进行权衡：北约由自由国家组成，它们在其内部是承认联合国人权宣言原则的有效性的。请您将之与"意愿联盟"[③]比较，显然后者已经分裂了西方，还包含了蔑视人权的国家，例如乌兹别克斯坦，还有泰勒的利比里亚。[④]

[①] 该访谈是 2003 年 11 月由门迪埃塔（Eduardo Mendieta）进行的。他在纽约州立大学 Stoney Brook 教哲学。此前哈贝马斯与门迪埃塔的一次对话发表在 J. Habermas, *Zeit der Übergänge*, Frankfurt am Main. 2001, 173 – 196。

[②] erga omnes，字面意思是全体都有份，该义务属国际义务之一，亦被称为对人类的义务，是国际法院对巴塞罗那机车案（the Barcelona Tractioncase）做出判决后逐渐形成的。——译者

[③] 2002 年，美国总统小布什访欧期间提出美国要领导一个"意愿联盟"，以解除伊拉克萨达姆政权的武装。全球约有 40 多个国家加入该"联盟"，支持对伊动武。——译者

[④] Charles McArthur Ghankay Taylor，1990 年代初利比亚内战时，他是非洲知名军阀之一。内战结束后他被选为总统（任职期为 1997—2003），此后被迫流亡。2012 年 5 月 30 日被裁定犯下谋杀、强奸及强迫儿童参军等 11 项罪名，被海牙法庭判处入狱 50 年。2013 年 9 月 26 日海牙上诉法庭宣布维持原判。——译者

同样重要的还有另一个观点，像法国、意大利和德国这样的欧洲大陆国家，当时以此来为参与科索沃战争进行辩护。他们期待之后安理会会通过[决议]，他们将这种干预理解为一部世界公民法的"前奏"（Vorgriff），亦即作为从古典国际法迈向康德构想的"世界公民状态"道路的一步。在这种状态中，公民们获得承诺，即在反对他们犯有罪行的政府时受到法律保护。我当时已经（1999年4月29日在 *Die Zeit* 的一篇文章中）指出了欧洲大陆和盎格鲁-撒克逊国家之间的一个典型差异："一方面，美国按照值得赞赏的政治传统的轨迹，扮演以人权的名义维护秩序的霸权形象。另一方面，我们将从古典的实力政治向世界公民状态的不稳定过渡理解为共同完成的学习过程。这个更为宏大的计划要求人们小心谨慎。北约的自我赋权不得成为惯例。"

2. **问**：您和德里达在5月31日发表了一篇题为"2月15日，又名：是什么将欧洲人联系在一起？——对共同外交政策的倡议，尤其在核心欧洲"的文章。在前言中德里达解释说文章是您写的，他是共同署名。你们两位思想巨人为何会这么做？在过去20多年中，你们隔着莱茵河以不信任的目光相互审视，有些人甚至说你们都是在自说自话。为什么你们突然达成和解，要共同发表这样一篇意义重大的文章，这是"政治"，还是一种"哲学姿态"；又或者是一种宽恕、停战、和解或一份哲学礼物?

哈:我不知道德里达会如何回答这个问题。在我看来,您对这件事过誉了。首先,这当然和政治立场有关,德里达和我[的立场]在过去几十年中经常是一致的。在伊拉克战争正式结束之后,很多人担心那些"没有意愿的"[1]政府会向布什妥协。我写信给德里达,还有艾柯、默齐、罗蒂、萨瓦特尔和瓦蒂莫,邀请他们共同参与一件事。(保罗·利科[2]是唯一一个因为政治考虑而拒绝参与的人,而埃里克·霍布斯鲍姆和哈里·穆里施[3]因为个人原因不能参与。)德里达没办法写文章,因为当时他必须在医院做检查。但是德里达愿意参与并向我提出了一些建议,后来我们也是这样做的。我对此感到高兴。我们上一次见面是9·11之后在纽约。几年来,我们已经重新开始哲学对话,在埃文斯顿(Evanston)、巴黎和法兰克福。所以这不意味着重大的姿态转变。

在接受阿多诺奖的时候,德里达在法兰克福保罗大教堂发表了一次非常敏感的演讲。这次演讲彰显了我们两个人在精神上的亲近。另一个人自然不能无动于衷。除了所有的政治议题,我和德里达在哲学上都和康德有着巨大的关联。我们俩差不多同岁[4],但是生活的历史背景差异极大,对晚年

---

[1] 指那些不愿意加入"意愿联盟"的国家。——译者
[2] Paul Ricoeur,20世纪法国最伟大的哲学家、思想家之一。——译者
[3] Harry Mulisch,荷兰作家。——译者
[4] 德里达生于1930年,哈贝马斯生于1929年。——译者

海德格尔的看法也截然不同。德里达从列维纳斯[①]的犹太视角出发，赞同海德格尔的思想；而我将海德格尔视为一个哲学家，作为公民，他在1933年尤其是在1945年之后是失败的。但即便是作为哲学家，他对我而言也是可疑的，因为他在30年代将尼采奉为新英雄（Neuheide），当时尼采对海德格尔而言不啻为一种"风尚"（en vogue）。德里达从一神教传统的精神中汲取养分。我和他不一样，我认为海德格尔的"存在论思想"拉平了那种划时代的意识历史门槛，即雅斯贝斯[②]所说的"轴心时代"。我认为，海德格尔背离了这一转折。这一转折的标志各有不同，要么是西奈山上先知式的警世名言，要么是苏格拉底式的哲学启蒙。

当德里达和我理解了彼此不同的动机背景，就可以求同存异了。对这样一种友好的相处，"停战"或者"和解"可能都不是恰当的表达。

3. **问**：您为什么将那篇文章命名为"2月15日"，而不是一些美国人建议的"9·11"或者"4月9日"？2月15日是对9月11日的世界历史的回应并取代了反对塔利班和萨达姆的政治宣传吗？

---

① Emmanuel Levinas, 法国著名哲学家。——译者
② Karl Jaspers, 20世纪德国著名哲学家，存在主义哲学的奠基人之一。——译者

哈：这有点过度解读了。《法兰克福汇报》编辑部为这篇文章定的标题是"我们的更新。战争之后：欧洲的重生"。他们或许想弱化 2 月 15 日游行的意义。用这个日期作为标题，是为了铭记那场大规模的抗议活动，它是二战之后在伦敦、马德里、巴塞罗那、罗马、柏林和巴黎那样的城市发生的最大规模的抗议。这次抗议不是对 9·11 袭击事件的回应。欧洲人在那之后立刻发出了令人印象深刻的一致宣言。他们更多的是要表达公民们一种十分多元的愤怒，也是一种无力的反抗。很多人在此之前从没有上过街。反战者的诉求，毫无疑问是针对自己的政府和盟国政府的那种欺骗以及有违国际法的政策的。我不认为这次大规模的抗议与当年反对越战的抗议活动一样，都是"反美的"。这里存在一个令人遗憾的区别：我们在 1965 年和 1970 年之间的抗议，仅仅是对发生在美国的（令人印象深刻的）抗议的补充。因此，我的朋友理查德·罗蒂用一篇政治上和思想上都非常犀利的文章参与了 5 月 31 日的知识分子活动。

4. 问：让我们回到最初的标题，它号召首先"在核心欧洲"实行一种共同的外交政策。这意味着核心和边缘是同时存在的，有些国家是无法替代的，有些则不是。对一些人而言，这个表述像是对拉姆斯菲尔德所区分的"新老欧洲"的幽灵般的回音。我敢肯定，把你们归入这样一种家族相似，让德里达和您很头痛。您曾经极力推动为欧盟立宪,这部宪法容不得这样的空间—地理分层。那么"核心欧洲"究竟是指什么呢?

哈:"核心欧洲"首先是一个技术性表述,90年代初基督教民主联盟(CDU)的外交专家绍布勒(Schäuble)和拉莫斯(Lamers)引入了这个词。当时欧洲的统一进程再次陷入停顿,这个词是要提醒大家欧洲共同体的6个奠基成员国曾经发挥了先驱作用。和当时一样,今天这个词仍意味着法国、比荷卢①、意大利和德国是深化欧盟体制的主导力量。其间,在尼斯召开的欧盟政府首脑峰会上,单个成员国"深化合作"的可能在政治领域中甚至已经成为官方决议。这一机制已经以"结构化合作"的名义被纳入欧洲宪法草案中。德国、法国、卢森堡、比利时,甚至英国都利用这一可能,支持建立一支欧洲自己的武装力量。美国政府向英国施加了巨大的压力,以此阻止建立一个和北约仅有松散关联的欧洲司令部。在此意义上,"核心欧洲"已经成为一种现实。

另一方面,在今天这个被拉姆斯菲尔德及其同僚分裂和弱化的欧洲,"核心欧洲"当然还是一个敏感词。一个共同的、基于核心欧洲的外交和国防政策的理念,在这一场景

---

① Benelux,指比利时、荷兰、卢森堡三国。这三国于1958年签署经济联盟条约,其后又形成了比荷卢知识产权组织等区域性国际组织,处理三国知识产权事务。——译者

中，即欧盟在东扩之后几乎是无法进行治理的，引发了恐慌。那些出于很好理解的历史原因而反对进一步整合的国家尤其如此。一些成员国想保留本国的行动空间，它们更感兴趣的是现存的、主要是政府间的决策机制，而不是在更多的政治领域中去落实多数决议机制的超国家机构。因此，东欧和中欧那些要加入欧盟的国家都担心它们刚刚获得的国家主权，而英国则在担心它和美国的特殊关系。

美国的分裂政策在阿斯纳尔①和布莱尔那里找到了志愿协助者。这种厚颜无耻的政策切中了欧洲长久以来潜在的裂痕——整合论者及其反对者之间的裂痕。"核心欧洲"是对以下两方面的回应：一方面是对统一进程"终极目标"在欧洲内部激烈争执的回应，它的存在与伊拉克战争没有任何关系；另一方面是对当下来自外部的对立面刺激的回应。对"核心欧洲"这个关键词的反应越是紧张，对这个问题的回答就越是紧迫。美国政府的霸权单边主义将迫使欧洲最终学会在外交上发出一个声音，但是因为欧盟在深化问题上陷入了僵局，我们只能学会首先从核心开始。

在过去几十年中，时常是由法国和德国承担这一职能。有进展并不意味着排斥。大门是向所有人敞开的。不断恶化的条件也解释了：为什么英国和东欧国家对我们的这一计划

---

① 时任西班牙首相。——译者

提出了尖锐的批评。而当整个欧洲的民众中绝大多数人拒绝参加布什的伊拉克冒险时，推进核心欧洲共同的外交和国防政策的有利时机就到来了。我个人是欢迎5月31日那份倡议中的挑衅性意味的，遗憾的是，并没有因此产生富有成果的讨论。

5. **问**：我们当然知道美国对北约施加了影响，让"新"欧洲对抗"老"欧洲。您认为对未来的欧盟而言，北约应当是被弱化还是加强呢？北约应当或者可能被其他组织替代吗？

哈：北约在冷战期间和之后发挥了很好的作用，科索沃的单独行动不能重演。然而，如果美国认为她和盟友的磋商义务越来越少，而单方面地把北约视为由自身国家利益决定的世界权力政治的工具，北约是没有未来的。北约自身的优势在于，它不仅是具有打击能力的军事联盟，而且给军事打击力量提供了**双重合法性**（doppelte Legitimation）：在我看来，北约作为自由国家的联盟，只有当它和联合国人权政策保持一致的情况下，其存在才具有正当性。

6. **问**：罗伯特·卡根[①]在一篇文章中说"美国人来自火星，欧洲人来自金星"。他在布什政府任内的施特劳斯学派新保

---

① Robert Kagan，美国历史学家、作家和外交评论家。——译者

守主义者中引发了很多关注。这篇文章原来的题目是"权力和弱点",甚至可以说它已经被布什当作国家安全学说了。卡根将美国人称为"霍布斯主义者",而将欧洲人称为"康德主义者"。欧洲人是不是真的已经迈入康德永久和平论的后现代乐园,而美国人却依然在权力政治的霍布斯式世界之中?是否美国人正在为城堡站岗放哨,而受益的欧洲人从不保卫这个堡垒?

哈: 这种哲学比较并没有多大意思:康德本人在某种程度上是霍布斯的忠实门徒;他和霍布斯一样清醒地描绘出了强制执行法(Zwangsrecht)以及国家统治的特征。卡根把哲学传统和国家心态以及政策草率地联系在了一起。我们最好把它放到一边。长期的历史经验体现在心智的差异上——人们远远地就能看出盎格鲁-撒克逊国家和欧洲大陆国家之间的差异,但是我并没有发现它们和短期的、多边的政治战略的关系。

卡根尝试分开狼群和羊群,他指向的是这样一个事实:只有通过军事暴力,最终因为美国的介入,才粉碎了纳粹的恐怖统治。在冷战中,欧洲人只有在美国的核保护伞之下,才能建设和扩展其福利国家。在欧洲,尤其是在人口最为密集的中欧,和平主义心态已深入人心。欧洲国家凭借其相对拮据的军事预算和装备较差的军队,是无法和美国的庞大军力相抗衡的。卡根的这种漫画式解读,刺激我要对这一事实做出如下的评论：

——在战胜纳粹德国的问题上，也必须感谢[苏联]红军所付出的巨大代价；

——[欧洲的]社会宪法以及其经济实力是一种软性的、非军事力量，不能低估它在全球力量对比中的影响；

——作为美国"再教育"(re-education)的结果，今天在德国占主导地位的是一种值得欢迎的和平主义，但这并不妨碍联邦德国参加在波斯尼亚、科索沃、马其顿、阿富汗和非洲之角的联合国[维和]行动；

——美国在阻挠建立一支独立于北约的欧洲军队的计划。

因为存在这些激烈的争论，所以才会出现基于错误层面上的讨论。卡根对过去一个世纪美国政策的单方面美化，我认为是完全错误的。在外交和国防政策上，"现实主义"和"理想主义"之间的斗争并没有反映在不同大陆之间，而恰恰反映在美国自身的政策中。从1945年到1989年，世界的两极化权力格局使得平衡恐怖力量的政策成为必需。冷战期间，在两大核力量之间相互竞争的背景下，华盛顿的国际关系"现实主义"学派发挥了重大的影响。但是，我们不能忘记威尔逊总统在一战之后为建立国际联盟所付出的巨大努力，也不能忘记美国的法学家和政治家对美国政府的影响，即使美国最终并没有加入国际联盟。如果没有美国，就不会有《白里安—凯洛格公约》[①]，它首次以国际法的形式确定了侵略战争是非法的。1945年由富兰克林·D.罗斯福主导的战胜国政策，也很难归入卡根对美国的好战特征的描述。罗斯福在其准备于1945年4月13日"杰斐逊纪念日"发表的演说中[②]，要求"不仅要结束战争，而且要终结所有战争的萌芽"。

这一时期，美国政府成了国际主义的领头羊，它倡议在旧金山建立联合国。当时，美国是联合国身后的推动力量，联合国将总部设在纽约并非偶然。美国推动了第一次国际人权大会，致力于在全球范围内监督侵犯人权的行为，并用法律手段和军事手段打击侵犯人权的行为。美国让欧洲人接受了——最初不顾法国人的反对——欧洲政治统一的理念。这种史无前例的国际主义时期，迎来了随后几十年里一系列的国际法创新。虽然创新在冷战中陷入停顿，但在1989年之后又局部地得以恢复。在当时那个时间点，没有人可以断言，这个仅存的超级大国是要继续领导世界回到世界主义的法律秩序中，还是在国际法之上重新成为一个用意良好的拥

[①] 又称《关于废弃战争作为国家政策工具的一般条约》或《巴黎非战公约》。1927年由法国外长A.白里安和美国国务卿F.B.凯洛格倡议，1928年8月27日由比利时、捷克斯洛伐克、法国等15个国家和地区的代表在巴黎签订。1929年7月25日生效。至1933年，共有63个国家批准或加入。该公约的缔约各国谴责用战争解决国际争端，并放弃以战争作为在其相互关系中实施国家政策的工具。——译者

[②] 罗斯福于1945年4月12日工作期间突然去世，因而这篇演说稿又称为未完成的演说词。——译者

有霸权的帝国。

老布什所持的世界秩序观念不同于小布什的，但它也是含混不清的。现今[美国]政府的单边主义做法及与之相关的富有影响力的新保守主义成员和顾问的名声，无疑让人想起他们的前任，想起那些美国拒绝签署的气候变化条约、禁止生化武器公约、禁止地雷公约以及禁止儿童参加战争公约。但是，卡根暗示了一种错误的连续性。新当选的布什政府对于与国际主义明确地分道扬镳是有所保留的：拒绝建立国际刑事法庭，不可能不影响其名誉；主动地将联合国边缘化，肆无忌惮地忽视国际法，这些都是布什政府的过失。但是，我们不能将它们视为美国外交政策的一贯表达。这届政府的明确目标，即维护国家利益，显然已经失败。这可能导致他们在大选中失败。作为对卡根的谎言的惩罚，为什么它不会在一年后被另一届政府所取代呢？

7. **问**：在美国，"反恐战争"被倒过来理解，称为"反公民自由的战争"，而且它还损害了法律基础，正是这一基础使得充满活力的民主文化成为可能。奥威尔式的《爱国者法案》①是一场付出极大代价的胜利，我们和我们的民主都是

---

① 9·11之后，布什政府通过了《爱国者法案》，美国政府200多年来首次获得了不经法院批准便可搜查公民房屋等权利，这意味着他们可以合法地大规模侵犯美国公民人权，在人们看来恰如奥威尔在《1984》中预言的。——译者

其牺牲品。"反恐战争"是不是以相似的方式影响了欧洲，或者说70年代对恐怖主义的经验使得欧洲人已经不担心将公民自由让渡给"安全保障国家"①了？

哈：我相信不是这样的。对于1977年的"德意志之秋"②，联邦德国的反应是非常歇斯底里的。此外，我们今天遇到了另一种形式的恐怖主义。我不知道，如果有双子大楼在柏林和法兰克福倒塌，会发生什么。当然，"9·11事件"之后，在我们那里"反国际恐怖主义法"的影响力没有像在美国那么大，也没有那么严重违宪。我的朋友罗纳德·德沃金③对此进行了详细的分析和尖锐的批评。如果说这源于大西洋两岸在心态和实践上的差异，我更愿意在历史的经验背景中寻找原因。或许欧洲国家已经习惯了战争，所以"9·11事件"带给美国的震惊的确更大。但是我们如何来验证这一点呢？

紧随震惊而来的爱国高潮诚然具有美国特征，但是，您所提及的对基本权利的限制，例如关塔那摩监狱违反《日内瓦公约》、国土安全部的建立等，我想另作讨论。对内和对

---

① Sicherheitsstaat，资本主义社会现代化发展大致经历了三个历史阶段：法治国家、福利国家、安全保障国家，三种社会形态分别对应着三种法律范式：形式法范式、实质法范式、程序法范式。——译者
② 1977年秋，德国的极左恐怖主义达到高峰，在施密特政府的强硬打击下，"红色旅"（RAF）失败并由此走入低谷。——译者
③ Ronald Dworkin，当代最著名的法理学家之一，先后任教于纽约大学和伦敦大学。——译者

外的生活都变得军事化了，对手的手段也影响了好战的政策，世界舞台上重新出现了霍布斯式的国家，市场的全球化似乎已经将政治因素完全推向了边缘。如果美国政府没有利用"9·11事件"造成的震惊进行无耻的宣传，并且有目的地制造不安全感的话，所有这一切是不可能被受过政治启蒙的美国民众以压倒多数的方式接受的。对于欧洲的观察者和像我这样谨慎的人而言，那种系统进行的恐吓以及对民众的灌输，还有2002年九十月份对意见表达的限制（我当时在芝加哥）都是令人不安的。那不再是"我的"美国。16岁之后，我的政治思想主要来自18世纪晚期的美国理想，这要归功于德国被占领期间理性的再教育政策。

8. 问：您今年在伊斯坦布尔召开的世界哲学大会的主题演讲中说，在后民族民主的条件下，国际安全受到了三方面的威胁：国际恐怖主义、犯罪国家和在解体国家中发生的新内战。我特别感兴趣的是，民主国家是否可以向恐怖主义宣战？

哈：无论一个国家是民主的，还是不民主的，一般而言，一个国家只能对另一个国家发动"战争"，如果所指的是这个词的精确含义的话。当一个政府要对暴动运用军事暴力，这种手段虽然是战争，但具有另一种功能，即一个政府要在境内维持和平与秩序，而警察机关无法完成这一任务。只有当暴力解决失效，并且政府自身沦落为多个相互冲突方之一时，我们才能说这是"内战"。从语词上将其和国家间战争进行比较，只有在以下情况下才能成立，即在国家权力解体时，内战各方之间出现了力量对称。这种对称在参与战争的国家之间是常态。同样，这里缺少了战争行为的真正主体：即一个国家的强制性组织权力。请原谅我在概念上锱铢必较。但是，我们遇到了一种**新**现象：恐怖主义变得国际化了，在世界范围内各行其是，并且在很大程度上是去中心化的，或者仅有松散的关联。我们不能急于将这种新现象理解为某种熟悉的东西。

沙龙和普京可能觉得是被布什愚弄的，因为后者将基地组织和那些恐怖主义的（例如在北爱尔兰、巴勒斯坦、车臣等地的）独立和抵抗运动的地区性游击战混为一谈，其实这两者是不同的。而且，基地组织也不同于那些在去殖民化失败地区出现的恐怖主义的腐败军阀集团战争或部落战争；不同于国家的政府罪行，即针对其本国民众发动战争的种族清洗和种族屠杀；不同于塔利班政权，后者在全世界支持恐怖活动。美国政府发动伊拉克战争，不仅是非法的，而且是无效的——它试图利用国家间的不对称战争来代替高科技国家与无法把握的恐怖网络之间的对称性。这种恐怖网络至今还在使用刀剑和炸药。如果进攻方不是以寻常的战败，而是以摧毁政权为目标，国家间的战争就是对称的，因为两者的力量对比是透明的、先前就确定的。请您回想一下在伊拉克边境上长达数月的军事部署。人们不必成为恐怖主义专家也可以明白，用这种方式并不能摧毁一个恐怖网络的基础，也不能打击基地组织及其分支的流动，更不能破坏这一组织赖以生存的环境。

9. **问**：根据古典国际法，法学家们认为，战时法（Jus in bello）意味着诉诸战争权（jus ad bellum）是有内在约束条件的。《海牙国际战争公约》中详细规定，其目标在于限制在战争中针对平民、被俘士兵、环境和相关社会基础设施使用暴力。交战规则应当使得一种被所有方面接受的和平结束成为可能。但是在国家与其对手之间的技术和军事力量出现巨大的不平衡时，例如在伊拉克和阿富汗，几乎是不可能遵守战时法的。美国在伊拉克显然犯下了战争罪行，但这在美国被故意忽略了。美国难道不应该被起诉和追责吗？

哈：恰恰是在这方面，美国国防部对使用精确制导武器极为自豪，这使得平民伤亡保持在一个相对较低的水平上。但是，当我读到了《纽约时报》（2003年4月10日）上的一篇关于伊拉克战争的伤亡报道，并了解了拉姆斯菲尔德对平民"伤亡"所采取的做法之后，这些精确制导武器就不再那么让人宽慰了，"如果一次计划好的空袭可能会导致超过30个平民的伤亡，空战指挥官就要获得国防部长唐纳德·L.拉姆

分裂的西方 | 109

斯菲尔德的批准。这样的空袭有超过50次的申请，而且所有的空袭都获得了批准"。我不知道海牙国际刑事法庭对此会怎么说。但是，鉴于美国并不承认这一法庭，而且安理会也不可能通过反对拥有否决权的常任理事国的决议，整个问题只能另做讨论。

保守估计其间大约有2万名伊拉克人死亡。这个数字与美国自身的损失相比是骇人听闻的。这让人看到了一种道德上的无耻。我们所看到的、来自非对称战争的电视画面，即便不是被彻底操控的，也是被控制的。如果其中反映出来的不是**战争**对手的强弱，而是一个国际组织的治安力量（Polizeigewalt），那么这种力量的非对称性将会产生另一种意义。

今天联合国根据其宪章已经被赋予了保卫和平与国际安全的责任，以及在世界范围内保护人权的责任。让我们做一个与事实相反的假定，即联合国就是为此任务而产生的。如果它可以不加选择地履行这一责任，那它就要具备应对那些违反规则的行动者和国家的威慑优势的能力，一种制裁能力。这样，力量的不对称性就可能具有另一种特征了。

那种艰难但始终是或然的转型——即从根据自己意愿和选择发动的惩罚战争，转向获得国际法授权的治安行动——不仅要求一个中立的法庭，它要能对特殊的犯罪行为进行裁决，还需要将战争权深化为一种干涉法

（Interventionsrecht）。它更类似于国家内部的警察权利，而不是海牙的（国家间）战争公约。后者至少还是针对**战争行为**，而不是针对民法意义上的行为的，比如妨碍公正和执行判决。因为在人道主义干预中，可能会牺牲无辜者的生命，必要的暴力必须加以严格的辖制。这样，世界警察的所谓行动就不再是一种托词，而要被全世界广泛接受。一个很好的测试就是全球观察者的道德感受——并不是说悲伤和同情会彻底消失，而是对某种厚颜无耻的愤慨会消失。巴格达上空的导弹袭击持续了数周，那时我们中的很多人感到了那种愤慨。

10. 问：约翰·罗尔斯看到了一种可能，即民主国家发动针对犯罪国家（即非法国家 unlawful state）的"正义战争"。而您又推进了一步：坚信不疑的民主国家不得认为自己拥有这样的权利，即根据自己的任意判断来决定是否对一个被假定为独裁的、威胁到和平的或者犯罪国家发动战争。您在伊斯坦布尔的演讲中说，中立的判断不能只凭一方做出；基于这个认知的理由，用意良好的霸权的单边主义总是缺乏合法性，"这种缺乏不能通过一部民主宪法在善良霸权的内部得到补偿"。开战权构成了古典国际法的核心，对正义战争而言它是否已经过时了？

哈：对罗尔斯最后一本书《万民法》（*Law of Peoples*）的批

评是恰当的。因为他在书中放松了正义的严格原则。他认为，在对待独裁或半独裁国家时，民主的宪法国家就足够了，并将保卫这个弱原则的责任交给了单个民主国家。在此意义上，罗尔斯赞同迈克尔·沃尔泽①的正义战争理论。两者都认为"民族间的正义"是值得期许的、可能的，但是他们想把国际正义的实现在单个案例中托付给主权国家的判断和决定。与康德一样，罗尔斯更多考虑的是一种国家共同体的自由先驱，而沃尔泽考虑的是每个参与的民族——完全和其内部宪法无关。与罗尔斯不同，沃尔泽对超国家的方法和组织的不信任，源于社群主义的考虑。对生活形式的完整性以及以国家方式组织起来的共同体的既有精神（Ethos）的保护，只要不导致反人类的种族屠杀和罪行，就应当优先于抽象正义原则在全球的实现。沃尔泽的观念比罗尔斯对国际法虚情假意的捍卫，更能解释您的问题中所涉及的思考。

从1928年的《白里安—凯洛格公约》以来，国际法就认为侵略战争是违反国际法的。军事暴力的使用应当只允许用来进行自我防御。这样，古典国际法意义上的**开战权**就已经被废除了。由于一战之后建立的国际联盟太弱，二战之后联合国被允许采取维和行动和强制措施，其代价是当时的各大国拥有了否决权。《联合国宪章》明确将国际法置于国家

---

① Michael Walzer，美国当代著名政治思想家。——译者

的法律体系之上。该《宪章》和人权宣言的关联以及安理会根据《宪章》第7章所享有的权利，引发了一波法律创新，尽管直到1989年它们仍是一个未使用的"存在舰队"[1]，并且被（正确地）理解为"国际法的宪法化"。联合国现有193个成员国以及一部宪法，根据该宪法程序来确定违反国家规则的行为，并对之做出制裁。从那以后就不再有正义或非正义战争了，只有合法或非法的战争，而这取决于它们有没有**国际法**的理据。

为了认识到小布什政府所导致的极端断裂，我们必须回顾这一法律演进的巨大进步。这一断裂的原因在于小布什政府的安全学说，该学说故意忽视了使用军事暴力的现行法律前提。该政府对安理会发出了最后通牒——要么通过对美国具有侵略性的伊拉克政策，要么让安理会变得无足轻重。在"合法化"的修辞层面，这和"现实主义"对"理想主义"观念的消解毫无关系。如果布什是想要消灭一个不正义的政权，并想在近东地区推进民主化，那么其规范性目标和联合国的计划并不矛盾。有争议的问题并非民族之间的正义是否可能，而是采取什么样的路径。布什政府将220岁的康德计划（即用道德语汇来为国际关系**立法**）束之高阁了。

从美国政府的做法只能得出如下的结论，即对他们而

---

[1] fleet in being，又称风险舰队，意思是只要拥有一支舰队就可以使对方投鼠忌器，不敢贸然发动战争。此处引申为未实际使用的威慑或牵制。——译者

分裂的西方 | 113

言，国际法作为解决国家之间冲突和实现民主与人权的手段，已经不再有效。这些目标使得这一超级大国化身为一种政策，这种政策并非建立在法律之上，而是建立在其自己的伦理价值和道德信念之上：它以自己的规范性理据替代了现有的法律程序。然而前者并不能代替后者。放弃法律论证意味着忽视以往所承认的一般规范。从自己的政治文化和自己的世界以及自我理解的局限性视角来看，用意良好的霸权也不能确定它是否理解和考虑到了其他参与者的利益及处境。无论对一个民主的超级大国的政治领袖，还是对其公民而言，都是如此。没有包容性的法律程序——即要纳入所有的相关方并进行换位思考——就会对有优势的一方缺乏强制力，无法让它放弃庞大帝国的中心视角，将自己的阐释视角进行去中心化。而如果从认知角度出发，则要求她同等地观照所有各方的利益。

如果像美国这样高度现代化的国家在国际正义问题上用道德和伦理来代替实定法，它就会陷入老帝国的普遍主义错误之中。在布什看来，"我们的"价值就是普遍有效的价值，所有其他民族出于自身利益考虑，应当接受它们。这种错误的普遍主义是一种扩展了的普遍的种族中心论。而且，那种从神学和自然法传统中派生出来的正义战争理论与之并不对立，即便该传统今天已经转换成了社群主义。我的意思并不是说，美国政府对伊拉克战争的官方理据或者美国总统关于"善"和"恶"的宗教信念，能够满足沃尔泽所发展的"正义战争"标准。作为时事评论人的沃尔泽，在这方面没有让人陷入混乱。而作为哲学家的沃尔泽，虽然非常理性，却仅仅从道德原则和伦理信念中，而不是从法理学（Rechtstheorie）框架中得出了这一标准。这种正当理论要求将对战争与和平的判断联系起来，后者通过包容和中立的程序来产生强制性规范，并运用之。

在我们的讨论中，我只对下述路径的后果感兴趣：对正当战争的判断标准不可以译为法律手段（Rechtsmedium）。这样就可以从始终存在争论的实质性"正当"，进入对战争的可检验的合法性（Legalität）上去了。即便沃尔泽在国际习惯法中重新找到了正当战争的标准，但它们在本质上也是伦理—政治的。在个别案例上运用这些标准，排斥了国际法庭的检验，而且更多地取决于民族国家尚存的智慧与正义感。

但是，为什么对冲突的中立判断应当只在一国之内通过法律手段予以保障，为什么它不能在国际争端中以法律的方式生效呢？这是个小问题，即谁应当在超国家的层面上来确定"我们的"价值实际上有没有获得普遍的承认，或者我们有没有选择性地感知某种处境，而不仅仅是关注了对我们重要的方面？这就是包容性的法律程序的全部意涵。超民族的决定取决于彼此视角的交融和彼此利益的关注。

11. 问：您提出的康德式计划令人尊敬，但这样的话，您不就成了"军事人道主义"的辩护者了吗？

哈：我不清楚这一表述的确切语境。但是，我猜测它影射了将矛盾加以道德化的危险。恰恰是在国际层面上，将对手妖魔化——您想一下"邪恶轴心"——是无助于冲突的解决的。今天原教旨主义在所有方面发展并使得冲突升级，比如在伊拉克、以色列和其他地方。此外，卡尔·施米特一辈子都在用这个论证来捍卫其"非歧视性的战争概念"(nicht-diskriminierenden Kriegsbegriff)。按照他的论证，古典国际法将战争视为解决国家间冲突的合法手段，而并不需要进一步的辩护。这满足了军事冲突文明化的前提。与此相反，《凡尔赛和约》将侵略战争视为犯罪，将战争本身作为罪行并引发了"取消限制"(Entgrenzung)的动力，即它把在道德上受到审判的对手变成了令人厌恶的敌人，必须将其消灭。如果人们在道德化的过程中不再视彼此为值得尊敬的对手，即作为"正义的敌人"(justus hostis)，有限战争就会变成全面战争。

虽然全面战争要回溯到民族主义的大规模动员和生化核武器，但这个论证并非错误。它支持了我的命题，即"民族之间的正义"不能用道德化方式，而只能用国际关系的法律化来实现。如果一方按照自己的道德标准来衡量另一方被假定的罪行，这一分歧就会产生歧视性的判断。我们不得将这样的主观判断和法律裁决相混淆，后者是在国家共同体的法庭上对已被证明犯罪的政府及其帮凶的判决。因为法律裁决也对被告方采取法律保护（Rechtsschutz），直至其被证明有罪，在此之前都要坚持无罪推定原则（Unschuldsvermutung）。

此外，对国际关系的道德化和法律化的区分，并不会让卡尔·施米特满意，因为对他和他的法西斯同伴而言，关乎生死的生存斗争具有一种活力论的气息。所以施米特认为，政治性（die Politischen）的本质，即一个民族或一个运动的身份的自我强调（Selbstbehauptung），在规范意义上是难以抑制的，任何法律意义上的抑制在道德上必定陷入虚无。就算法律上的和平主义可能成功，它也会夺取一种更新本真性生存的手段。在此，我们就不再纠缠于政治性这个深奥的概念了。

我们现在必须处理左翼和右翼霍布斯主义者都主张的"现实主义的"前提，即法律在民主的宪法国家的现代建构中，只是经济或政治权力的反映而已。在这一前提下，法律的和平主义想将法律扩展到国家之前的自然状态上，似乎是痴人说梦。事实上，国际法宪法化的康德式计划有赖于一种清醒的理想主义。现代法律的形式具有明确的道德核心，长期以来成为一种"温文尔雅的教化者"(gentle civilizer,科斯肯涅米[①]语),现代法律的手段则总是被当作形成宪法的力量而加以运用。

那种内在于法律及其程序的平等的普遍主义,无论如何都在西方政治与社会现实中留下了无法磨灭的痕迹。平等对待的理念已经注入公法和私法之中,只有以如下代价才能实现其意识形态功能,即它同时作为意识形态批判的标准发挥作用。基于这个理由,今天的反对派以及全世界的解放运动都使用人权之类的词汇。只要人权的语汇被用于压迫和排斥,它就可以被用来反对这些滥用。

12. **问**:您作为康德计划坚定的捍卫者,一定对马基雅维利式的做法非常失望,后者常常主导了联合国的实践。您指出了"可耻的选择性",即在安理会的一些事务中它本该有所作为,却充耳不闻或无动于衷。您还提到"国家利益总是高于全球义务的'无耻的优先性'"。那么,我们必须改变和改革联合国的机构,才能使得支持西方利益和目标的单边追求真正成为确保和平的有效工具吗?

哈:这是一个很大的话题。我们在机构改革方面做的还不

[①] Martti Koskenniemi,芬兰外交家,现为赫尔辛基大学国家法教授,著有 *The Gentle Civilizer of Nations: The Rise and Fall of International Law, 1870—1960* 一书。——译者

够。今天人们在讨论通过改变安理会的组成来改变权力关系,而且有必要限制常任理事国的否决权,这些都还不够。请允许我从这个漫无头绪的整体中选取一些角度。

联合国着眼于完全的包容,这是对的。它向所有国家开放,只要这些国家承认《联合国宪章》的条款,并在国际法上接受联合国宣言规定的义务。这和它们的所作所为与这些原则是否**实际相符**并无关系。尽管各成员国在形式上是平等的,但是由于各自都是根据自身的规范性基础来衡量,所以在自由的、半威权的和有时甚至是独裁的成员国之间,存在着合法化的落差。当像利比亚这样的国家担任人权理事会主席国的时候,难免不令人侧目。约翰·罗尔斯已经指出了这种分层级的合法化的基本问题。康德对民主国家的合法性优势(Legitimationsvorsprung)抱有希望,但这种合法性优势几乎无法被形式化。不过,可以塑造出习惯和实践来考虑这一问题。同样,在这一视角下对安理会常任理事国的否决权进行改革的需求会更为明显。

最为紧要的问题当然是联合国有限的行动能力,它不拥有暴力的垄断权,尤其是在干预和建国的情况下,它要依赖有能力的成员国的事后(ad hoc)支持。但是问题并不在于缺乏对暴力的垄断,我们可以在别的地方讨论宪法和执行国家权力之间的分化问题,例如在欧盟,欧盟法律超越了国家法律,尽管民族国家一如既往地拥有合法运用暴力的手段。

分裂的西方 | 119

除了资金不足之外，联合国还依赖于各国政府，政府不仅要维护国家利益，还要仰赖其国内公共领域的支持。如果成员国在社会认知层面上的自我感知不发生改变，国家就会一如既往将自己理解为自主的行动者。我们必须反思，如何才能使不同的决策层面相对地脱钩。例如，成员国可以为了联合国的目标，在不限制其对自身武装力量支配权的前提下，拿出一部分武装力量供联合国使用。

只有当联合国局限于确保和平和在全球保障人权这两大功能，并将经济、环境、交通、健康等领域的政治协同委托给由机构和协商体系组成的中间层时，这个没有世界政府的世界内政的远大目标才能实现。但是，政治上有行动能力的全球参与者（global player）可以相互协商妥协，在此层面上，暂时只能交给像世贸组织这样的机构。如果世界不同地区的各个民族国家不能按照欧盟的模式来结合成各大洲的统治，联合国的改革大概是无法发挥作用的。目前，在这方面仅有最初的萌芽。在这里，而不是在联合国改革问题上存在着世界公民状态的真正的乌托邦时刻。

在这样一个全球多层体系内部分工的基础上，一个有行动能力的联合国的合法化需求可能就会以半民主的方式实现。一个政治上的世界公共领域，至今为止只有在发生像"9·11"那样的重大历史事件时才会出现。由于电子媒体和世界范围内的非政府组织（比如"大赦国际"〔Amnesty

International]和"人权观察"〔Human Right Watch〕)取得的惊人成功,某一天世界公共领域将会获得更为坚实的基础以及更大的连续性。有了这些条件,在联合国大会的"第二会议室"之外建立一个"世界公民议会"(大卫·赫尔德[①]语),或者至少在现存国家大会上将代表制扩展到公民,这一理念可能就不再是天方夜谭了。这种国际法改革已经进行了很久,这样它就获得了它的象征性表达并完成了体制化。不仅是国家,公民也已经成为国际法的主体:一旦需要,世界公民也要有反对其自身政府的权利。

诚然,对一个世界公民议会的抽象思考也许会让人有些眩晕。但是对于联合国的有限功能,人们必须思考,议会的代表必须代表各国民众,他们并不是像一个政治共同体的公民那样,是通过悠久的传统彼此联系在一起的。一种消极的一致就足以替代国民团结,即那种对犯罪团伙以及政府的侵略战争和违反人权的行径的共同愤慨,或者对种族清洗和屠杀的震惊。

在通往彻底宪法化的道路上,需要克服的阻力和倒退是如此之大,以至于只有当美国能像1945年那样再次成为这一运动的火车头,这一计划才能成功。这并不像现在看

[①] David Held,伦敦经济政治学院政治学教授。致力于研究"协商民主",代表作有《批判性理论导言:从霍克海默到哈贝马斯》《民主的模式》等。——译者

分裂的西方 | 121

起来那样不切实际。首先,现存的唯一一个超级大国恰好是地球上历史最长的民主国家,这是世界历史的幸事。所以,与卡根要我们相信的东西不同,这和国际关系的法律化的康德式理念在本质上是有亲和性的。其次,在另一个不那么民主的大国成为超级大国之前,让联合国具有行动能力,这也符合美利坚合众国自身的利益。帝国会兴衰更迭。毕竟,欧盟就安全和国防政策的原则达成了一致,这些原则反对那些违反国际法的、先发制人的打击和预防性行动。如此一来,这一政策也可以影响我们的美国盟友的政治公共领域。

13. 问:美国政府无视国际法和国际条约,使用军事暴力以及谎言和压迫政策,引发了反美情绪。只要这种反美情绪还是针对我们目前的政府的,就不是没有道理的。欧洲该如何处理这种逐渐扩散的反美情绪,以避免全世界的反美情绪转变为对西方整体的仇恨?

哈:欧洲的反美情绪本身就是威胁。在德国,反美情绪一直是和反动运动联系在一起的。因此,和当年的越南战争一样,与美国内部的反对党肩并肩地共同反对美国政府的政策,对我们而言是非常重要的。如果我们能够诉诸美国自身的一种抗议运动,(我们所遇到的)指责反美情绪毫无建树的说法就落空了。针对西方世界整体的反现代化冲动,就有所不同了。在这方面需要自我批判。坚持西方现代化成就的自我批判需要既保持开放，又要准备好学习，尤其是要消灭那种愚蠢的做法，即用肆无忌惮的资本主义来实现民主秩序和自由社会。一方面，我们必须同原教旨主义（包括基督教和犹太教的原教旨主义）划清界限，另一方面，我们必须认识到原教旨主义是现代化断根的产物。我们的殖民历史和失败的去殖民化，对此都起到了推波助澜的作用。无论如何，相对于原教旨主义的执迷，我们可以明确的是，对西方的正当批判，其标准恰恰是从西方 200 年来的自我批评中学来的。

14. **问**：最近有两个政治计划因为战争和恐怖主义而流产了：一个是所谓的"路线图"，旨在让以色列和巴勒斯坦走向和平，还有一个是切尼、拉姆斯菲尔德、赖斯和布什的帝国主义计划。以色列的冲突，其脚本必须和重建整个近东的计划一起书写。但是美国的政策混淆了反美情绪和反犹主义。今天，反美情绪造成了一种杀气腾腾的反犹主义的老形式。我们该如何来消除这种破坏性的混淆？

哈：这在德国尤其是个问题。现今德国正在产生一种把自己看作受害者的自恋氛围，而几十年来通过官方意见对茶余饭后的话语进行的审查正在解体。但是，正如您准确描述的那样，只有在批判致命的布什世界秩序观时不掺杂任何反美情绪，我们才能够应对那种混淆。只要**另一个**美国再次崭露头角，那种反美情绪就会失去基础，对反犹主义而言它只是一种伪装。

第四部分

康德计划和分裂的西方

第八章 国际法的宪法化还有机会吗？[①]

目 录

导论

第一节 以政治方式组织起来的世界社会 vs.世界共和国

1. 古典国际法和"主权平等"
2. 作为符合法则之自由的和平
3. 从国家法到世界公民法
4. 为什么是国际联盟的"替代品"？
5. 充满误导的自然状态类比
6. 国家权力和宪法
7. 没有世界政府的世界内政
8. 超国家宪法和民主的合法化
9. 让步的倾向

第二节　国际法的宪法化还是自由的超级大国伦理
　　1. 从当下挑战来看国际法历史
　　2. 民族的权利——1848年前后的尤利乌斯·弗洛贝尔（Julius Fröbel）
　　3. 康德、伍德罗·威尔逊和国际联盟
　　4. 联合国宪章：一部"国际共同体的宪法"？
　　5. 三项国际法创新
　　6. 冷战的双重面目
　　7. 矛盾的90年代
　　8. 改革议程
　　9. 后民族格局

第三节　一种新世界秩序的替代性愿景
　　1. 9·11之后美国国际法政策的反转？
　　2. 霸权自由主义的弱点
　　3. 新自由主义和后马克思主义的方案
　　4. 康德还是卡尔·施米特

---

① 我要感谢在准备这一文本期间和Hauke Brunkhorst具有启发性的讨论，还要感谢Armin von Bogdandy对倒数第二版的评论。

导 论

在欧洲国家体系诞生之时，弗朗西斯科·苏阿雷斯[①]、雨果·格劳秀斯[②]和塞缪尔·普芬道夫[③]的哲学对于创建一套现代国际法具有里程碑的作用。而当在法律上受到限制的国际关系逐渐适应了所谓"内阁战争"(Kabinettskriege)[④]的暴力水平，哲学甚至第二次起到了这样的作用。康德以其"世界公民状态"的计划迈出了决定性一步，超越了仅仅指向国家的国际法。在此期间，国际法不仅成为法学上的一个专业；随着二战之后国际法的宪法化沿着康德的道路在世界舞台上取得了长足的进步，还在国际宪法、组织和程序中获得了体制性的建构。[⑤]

自两极世界秩序终结以来，美国成为绝对的超级大国，世界公民宪法的发展呈现出另一种可能。世界虽然还是由民族国家所统治的，但已经在向世界社会的后民族格局过渡。各国失去了其自主性，陷入了这个全球社会的水平沟通网络之中。[⑥]但是，在这样的处境中，康德关于世界公民秩序的设想不仅要面对传统的"现实主义者们"的诘难，这些人声称权力在社会本体论上优先于法律；而且其另一个反对者今日也以自由的世界伦理（Weltethos）之名粉墨登场，它要代替法律的原有位置。

按照现实主义者的看法，用法律对政治权力进行规范性控制，只有在主权国家之内才是可能的，后者的存在以暴力的自我保障能力为基础。在这一前提下，国际法必须永远不能拥有制裁权。康德式的理想主义者和卡尔·施米特式的现实主义者之间，关于国际关系法律化的边界[7]之争端，今天与一种更为深刻的冲突交织在了一起。美国的政府官员们所要实施的新自由主义的世界秩序，喊出了"美国治下的和平"(Pax Americana) 的口号。它引发了一个问题：国际关系的**法律化**（Verrechtlichung）是否应被一种由超级大国决定的世界政治的伦理化 (Ethisierung) 所取代。

---

[1] Francisco Suarez, 16 世纪西班牙人，阿奎那之后地位最高的经院神学家。——译者
[2] Hugo Grotius, 16 世纪荷兰法学家。——译者
[3] Samuel Pufendorf, 17 世纪德国法哲学的开创者，德国法学家、史学家。——译者
[4] 通常指绝对王权时代，即从 1648 年《威斯特伐利亚和约》到 1789 年法国大革命之间，欧洲君主不顾人民意愿和利益发动的战争，因此又称为"君主战争"。——译者
[5] B. Fassbender, "The United Nation Charter as Constitution of the International Community", in: Columbia Journal of Transnational Law 36, 1998, 529 - 619; J. A. Frowein, "Konstitutionalisierung des Völkerrechts", in: *Völkerrecht und Internationales Recht in einem sich globalisierenden Internationalen System*, Bericht der Deutschen Gesellschaft für Völkerrecht Bd. 39, Heidelberg 2000, 427 - 447; 更多文献参见: H. Brunkhorst, *Solidarität. Von der Bürgerfreundschaft zur globalen Rechtsgenossenschaft*, Frankfurt a. M. 2002; B. -O. Bryde, "Konstitutionalisierung des Völkerrechts und Internationalisierung des Verfassungsrechts", in: Der Staat 42, 2003, 62 - 75。
[6] E. O. Czempiel, *Weltpolitik im Umbruch*, München 1993.
[7] E. O. Czempiel, *Neue Sicherheit in Europa. Eine Kritik an Neoliberalismus und Realpolitik*, Frankfurt a. M. 2002.

理想主义者和现实主义者之间的争论在于，在民族之间的关系中，正义是否可能；[1]最新的争论是，为了维持和平与国际安全以及在世界范围内实现民主和人权等目标，法律是否仍是合适的手段。对于用何种方式来实现这些目标尚存在争议，即究竟是用法律上确定的程序，还是用一个善意霸权的单边秩序政策的力量。联合国包括大量的成员国，其决定是可选择的，但其决议是无力的。当巴格达的萨达姆雕像倒下时，这个问题事实上已经得到了解答。美国政府在2002年9月宣布了国家安全战略，在2003年3月入侵伊拉克，这样她已经两次弃国际法于不顾。此外，它还将联合国抛在一边，将其自身的、在伦理上正当的国家利益放在首位，甚至忽略了其盟友的异议。一心开战的超级大国将联合国边缘化，这对现行的法律提出了严峻的挑战。

如此一来也就出现了如下的问题：从规范方面看，这种帝国主义行径到底错在哪里？——前提是，美国的参与本可更为有效地实现联合国的目标，即使美国对该目标是三心二意和敷衍了事的。或者，在这种与事实相反的情况下，我们仍应坚持很久以前已经开始的国际法的宪法化，并全力支持让未来的美国政府接受其世界历史的使命，后者在灾难性的世界大战结束之后被当时的威尔逊总统和罗斯福总统视为己

---

[1] Th. L. Pangle und P. J. Ahrensdorf, *Justice among Nations*, Lawrence, Kansas, 1999.

任。只有当美国回到1918年和1945年之后其所代表的国际主义，并且重新将自己的使命认定为从国际法向"世界公民状态"的演化，这项康德计划才能继续。

这样一种处境受到了恐怖主义和战争、不均衡的世界经济发展的影响，被伊拉克战争的不幸结果所激化。这迫使我们重新反思这个问题。今天，哲学至多能在国际法和政治学所进行的专业讨论之后，提供一种概念澄清。政治学描述国际关系的状况，法学对现有国际法的概念、有效性和内涵做出陈述，哲学则可以尝试在现有框架和有效规范的帮助下，对法律发展的一些基本概念进行整体上的澄清。只有通过这种方式，哲学才能对此问题有所助益，即康德计划是否还有未来。在我结束这个问题的讨论之前，我想在第一部分中用概念结合世界共和国的具体内涵，解答世界公民状态的理念；在关于历史的第二部分中，我将考察适合或妨碍国际法的宪法化的各种趋势。

第一节　以政治方式组织起来的
　　　　 世界社会 vs.世界共和国

1. 古典国际法和"主权平等"

康德反对侵略战争[①]，并且对主权国家的诉诸战争权（jus ad bellum）提出了质疑。这种"权利""实际上是无法想象的"[②]，它构成了古典国际法结构的内核。这一产生于习惯和契约的规定，反映出了欧洲国家体系的裂痕，这一体系从《威斯特伐利亚和约》开始，到 1914 年终结。只有国家（除了天主教圣座这一特例）才是国际法的主体，而且直到 19 世纪中叶只允许欧洲国家加入。这意味着只允许"民族"（Nationen）参与；在字面意义上，古典国际法对"国际"（inter-national）关系是建构性的。民族国家被设想为战略游戏的参与者：

——民族国家享有事实上的独立，具有根据其自身偏好做出决定并自主行动的能力；

——在抵御危险和自我保存的要求下，民族国家同时要保障其公民的安全，还有其自身（被理解为"国家利益"）的偏好；

——每个国家可以和其他国家结盟，以军事威胁为基础，并与所有其他国家相互竞争，以此加强自身的政治力量。

分裂的西方　｜　133

国际法确定游戏规则[3]并决定：

(a) 对参与者而言必须遵守的条件：一个主权国家必须有效地控制社会和疆域边界，并且能够在内部维持法律和秩序；

(b) 准入条件：一个国家的主权建立在国际承认的基础之上；

(c) 地位自身：一个主权国家可以与其他国家缔结条约。在发生冲突的情况下，它有权不告知理由而诉诸战争，但是它不得干预其他国家的内部事务（禁止干预）。这些基本原则产生了如下结果：

——不存在对违反国际法进行惩戒和制裁的超民族机构；

——一个主权国家会违背审慎与有效的标准，但是不会违背道德的标准，其行为应被认为是与道德无涉的；

——主权享有的豁免，延及其代表、官员和人员；

---

[1] 参见 I. Kant, Streit der Fakultäten, in: Werke in 6 Bänden, hg. von W. Weischedel, bd. VI, 367. "人们将被迫使道德的最大障碍，即总是使这个目的落空的战争，首先逐渐变得更加符合人性，然后变得更加稀少，最后作为侵略战争完全消失……"。
此处中文参考《学科之争》译文，见《康德著作全集》第7卷，李秋零译，中国人民大学出版社 2008 年版，第 90 页。——译者

[2] Kant, Zum Ewigen Frieden, in: Werke in 6 Bänden, a.a.O., Bd. VI, 212.

[3] Ph. Kunig, Völkerrecht und staatliches Recht, in: W. Graf Vityhum, Völkerrecht, 2. Aufl., Berlin 2001, 87–160.

——一个主权国家对在战争中犯下的罪行（依据战时法），保留法律追究的权利。

——允许第三方对交战各方保持中立。

古典国际法的规范性内涵表现为主权国家的平等——不论其人口数量、疆域大小和实际的政治或经济实力的强弱——它建立在国际法主体的相互承认的基础之上。这种"主权的平等"其代价是，承认战争为调节冲突的机制，即准许使用暴力。这也排除了引入中立法律和更高执行当局的可能性。两者都表明了一种法律的"软"特征，其有效性最终有赖于缔约方的主权意志。国际条约的有效性在原则上服从主权缔约方在以下方面所做的保留，即在必要的情况下，用政治来代替法律。

根本的政治权力在古典国际法中的方式的表现不同于国家之间的法律。国家权力确保了公民权利的有效性，它自身是受到法律制约的。国家权力**贯穿**了民族层面，国家权力是以法律的形式建构起来的，而法律依赖于国家的制裁暴力，两者**相互依赖**。这种对权力和法律的解释在国际层面是缺失的。在此，权力和法律之间存在一种非对称关系，因为国际法的规则更多地反映了国家之间的根本架构，而不是规范式地贯穿了这一架构——法律塑造了主权和权力之间打交道的方式，但并没有约束后者。

所以，古典国际法在其自身的前设下，只有在下述条件

分裂的西方 | 135

下，才会具有稳定的效用，即国际法主体的形式平等，要由实际的（de facto）政治力量均势来"确保"。而其前提是，战争各方要达成一种默契，即在战争中使用暴力也有道德禁忌的边界。基于经验的理由，康德否认上述两个假定。他认为，当时瓜分波兰的例子说明，要想通过各国力量均衡来确保和平，那是一种"幻象"。[①] 不仅"惩罚和毁灭性战争"的残酷是道德丑闻，即便是用常备军进行的内阁战争也是"与在我们自己人格中的人性法则"相矛盾的。因为一个国家雇佣其公民来进行杀戮或被杀戮，都将人降格为了"单纯的机械"。[②]

2. 作为符合法则之自由的和平

消灭战争是理性的诫命。实践理性首先要求道德要反对系统性的屠杀和被屠杀，即"不得有战争；既不得有在自然状态之下你我之间的战争，也不得有我们国家之间的战争——尽管各个国家之内是有法律的，在国家之外（在彼此的关系之中）则处在无法律的状态下"。[③] 对康德而言，法律不仅是一种用来建立国家之间和平的恰当**手段**，更确切地说，他从一开始就将民族之间的和平理解为"法律和平"（Rechtsfrieden）。[④]

---

① Kant: Über den Gemeinspruch ..., in: *Werke*, Bd. VI, 172.
② Kant: *Zum Ewigen Frieden*, a.a.O., 197f.
③ Kant, Rechtslehre, in: *Werke*, a.a.O., 479 und 478.
④ V. Gerhardt, I. *Kants Entwurf "Zum Ewigen Frieden"*, Darmstadt 1995.

和霍布斯一样，康德在法律和确保和平之间建立了**概念上的**关联。但是不同于霍布斯的是，他并没有将社会的法律和平化（Pazifizierung）建立在那种实际交换之上，即用国家的保护来换取人民服从法律。从（康德的）共和主义的视角来看，法律创造和平的功能更多的是与法律状态确保和平的功能重叠的，公民出于自由的考虑而承认后者为合法的。国家之内的法律状态之所以被世界主义所拓展，不仅是因为永久和平的**结果**是值得追求的，还因为这是实践理性的要求。因此，"普遍和持续的和平不仅是法律学说的一部分，而且是其全部终极目的"。"所有民族的和平的但不一定友好的共同体"，这一理念不仅是道德的诫命，还是法律的原则。①世界公民状态**就是**持久的和平状态。世界公民宪法的理念，确保了"所有民族在公共法律之下的联合"，意味着"真正的"最终的，而不仅仅是暂时的一种和平状态。

这种和平目标与法律原则的概念关联，也说明了其历史哲学的"世界公民意图"，即那种决定性的阐释视角，康德以此视角参透了历史的进程："建立完全的公民宪法状态，取决于外部国家之间的合法关系，如果没有后者是不可能解决的。"②

"公民宪法"道出了那个决定性的词语：规范国家间

---

① Kant, *Rechtslehre*, a.a.O., 475.
② Kant, Idee zur einer Allgemeinen Geschichte, in: *Werke*, a.a.o., Bd. IV, 41.

交往的国际法，必须被一部诸国家共同体的宪法所取代。只有这样，各个国家及其公民才能进入一种"符合法则（gesetzmäßig）的关系"。

康德认为，在符合法则这种关系中，每个人和其他人的自由是与普遍的法则相符的。①康德同意卢梭的实质性法律概念。②只有以包容式的民族代表程序的讨论和公共领域建立起来，法律才拥有实用的而不仅是语义上可理解的普遍性（Allgemeinheit）。③专制的危险在于，一切都是由当局强加的法律所给予的。一种所有潜在相关者的公平的意见和意志形成的共和主义程序，可以避免上述危险。如果国际共同体的法律是按照包容程序建立起来的，并且是"一致的意志"，那么它将**一视同仁**地考虑所有国家的利益，无论这些国家的大小、人口数量、富裕程度和经济实力。④

为了在"普遍的万民国家（allgemeines Völkerstaat）"的意义上实现"世界公民宪法"的普遍理念，康德也使用了这种"国民宪法"的类比。在其关于世界主义秩序的大胆设计中，康德受到了他那个时代通过革命缔造宪法的行为的启发。从美国革命和法国大革命中诞生的共和国，是首个也是当时仅有的通过立法来确保合法性的例

---

① Kant, *Rechtslehre*, a.a.O., 345.
② I. Maus, *Zur Aufklärung der Demokratie*, Frankfurt a. M. 1992, 176ff.
③ J. Habermas, *Faktizität und Geltung*, Frankfurt a. M. 1992, 167ff.
④ Kant, *Idee zur einer Allgemeinen Geschichte*, a.a.o., 42.

子，因为"所有人为所有人，每个人为其自己做出抉择——因为只有自己才不会对自己不公"[1]。从这一视角来看，一个**有宪法的** (verfasst) 国际共同体，只有被设想为诸共和国的共和国，也就是"所有国家的共和主义"[2]或者"世界共和国"[3]。这样，革命所实现的"市民宪法"对于从古典国际法向世界公民法的过渡而言，就获得了典范性特征。这也使得康德过早地提出了要实现"宪法的国家共同体"的一般理念。

3. 从国家法到世界公民法

在讨论这一过渡的争议性结果之前，我想来解释一下建构一个世界共和国的世界主义意义。这将使得作为解决冲突手段的战争成为不可能，因为在涵盖世界的共同体框架中，不可能存在"外部的"冲突。曾经存在的武力争端，在全球的法律秩序内部获得了防御危险和刑事追责的性质。当然，世界共和国的理念不仅仅是超民族的法律秩序，这种秩序可能蜕化为一种类比，即一如单个人服从共和国法律，各国政府也要服从这一法律秩序。[4]一种"普遍君主制"也可能用独裁的暴力垄断的压制手段来实现这样一种世界社会的法律

---

[1] Kant, *Über den Gemeinspruch* ..., a.a. O., 150.
[2] Kant, *Rechtslehre*, Beschluss, a.a.O., 478.
[3] Kant, *Zum Ewigen Frieden*, a. a. O., 213.
[4] Kant, *Über den Gemeinspruch* ..., a.a. O., 171f.

和平化。而世界公民状态理念的要求更高，因为它要将公民和人权的位置从民族层面提升到国际层面。

这一理念的核心创新在于国际法转型之结果，即从作为**诸国家的**法律，转变为世界公民法中**众多个人的**法律。这些个人不再仅仅作为公民，其各自国家的法律主体，而且都是"在一个首脑之下、一个世界公民之共同体的成员"。[①]这些个人拥有的人权和公民权，现在也应当通过国际关系来确保。那些结合为一个"大国体"（Staatskörper）的主权国家，其公民成为世界公民，其代价是自身的附属化（Mediatisierung）。这些国家接受了在一个诸共和国的共和国中的成员地位，也就放弃了以下可能，即在与其他成员国的交往中用政治来代替法律。**国际关系的国家化**意味着法律要完全渗透并转变政治权力，即便在外部的国家关系中也是如此。如此一来，外部和内部主权的差异就消失了，这不仅是因为包容的万民国家（Völkerstaat）扩展到了全球，而且是基于如下的规范性理由：共和主义宪法的强制力消除了一个指向外部的、"野蛮的"、不受法律约束的自我保存权力的"实质"。政治性（das Politische），在法律"背后的"、国家行政机构权力的意义上，在国际舞台上，失去了任意性最后

---

① Kant, *Über den Gemeinspruch* ... a.a.O., 169. 另参见后期作品：*Zum Ewigen Frieden*. a.a.O., 203。请注意，康德的世界公民权利所指向的是个人，他们必须被看作一个普遍的人类国家（Menschenstaat）的公民。

的保留权。

康德最后坚持这一**理念**，即在世界共和国的意义上坚持国际法的彻底宪法化。为什么康德既引入了国际联盟这样较弱的构想，又寄希望于一个由具备和平意愿且保持主权的国家所组成的自愿联合呢？对此，有诸多猜测。他给出的理由中存在这样的裂隙："对国家而言，根据理性除了下述方式之外，并不存在其他的方式……来摆脱无法的状态，即放弃其野蛮的（无法）自由，顺从公共的强制法并建立一个包含了所有民族的万民国家。但是，按照其国际法的理念，国家并不想这样做……因此在世界共和国的积极理念下，只有防御战争的联盟这样一个消极的替代物，才能抵御敌对的倾向。"[①]

由贸易来推动的诸共和国，虽然保留了退出的可能，但放弃了侵略战争并感到负有道德义务将冲突交诸国际法庭，而且诸共和国将不断扩展其联盟，这一观念是和国际联盟的计划相关联的。康德绝不是要用一个常设的诸国家议会 (Staatenkongress) 来否认世界公民状态的理念自身，这种诸国家议会20年之后在"神圣同盟"(Heilige Allianz) 中采取了截然不同的形式，换言之是反革命的形式。[②]他一如既

---

① *Zum Ewigen Frieden*. a.a.O., 212f.
② 在这一点上，托马斯·麦卡锡 (Thomas A. McCarthy) 首次说服了我："On Reconciling Cosmopolitan Unity and National Diversity", in: P. deGreiff und C. Cronin eds. *Global Justice and Transnational Politics*, Cambridge., Mass., 2002, 235 - 274。

往地将历史进程纳入了考虑。历史进程逐步从在战争中使用的暴力的国际法的内政化出发,经过对侵略战争的贬低,最终逼近了建构世界公民宪法这一目标。但是民众还不成熟,他们还需要教化。对这一**经验**观察——即民族国家坚持其主权,根本不愿意放弃古典国际法赋予它们的行动空间——至今仍缺乏充分证据。当然,这也不是放弃这一**理念**的充足理由。

康德并没有通过引入"替代品"来一般地应对历史的阻力。他更多是将这一理念以历史哲学的方式置于**妥协倾向**的尽可能丰富的语境之中。[①]众所周知,他主要将希望寄予以下三个长远发挥作用的因素上:

——共和国的和平本质,国际联盟的前身是由这些共和国组成的;

——自由贸易具有促进和平的力量。这将使得国家越来越依赖世界市场,并且必须合作;

——即将出现的世界公共领域具有的批判功能。因为"在地球上一个地方的违法行为将被所有人感知"[②]。这一世界公共领域将在世界范围内调动公民的良知和政治参与。虽然这一断断续续的历史进程将持续很久,但这并不会

[①] 详见 J. Habermas, "Kants Idee des ewigen Friedens — aus dem historischen Abstand von 200 Jahren", in: ders, *Die Einbeziehung des Anderen*, Frankfurt a. M. 1996, 192-236, 此处为 199-207。

[②] Kant, *Zum Ewigen Frieden*. a.a.O., 216.

使得康德来修改这一理念本身。如果这一理念在联邦制的世界共和国中获得了恰当体现,为什么康德后来还要关注国际联盟的计划呢?

4. 为什么是国际联盟的"替代品"?

康德建议将国际**联盟**视为万民**国家**①的替代品,他似乎以此来回应那些概念上而非经验上的困难。国际法的宪法化事实上一直在进行,但又一再受到威胁。当我们回顾这一点时会受益良多。这些问题使我们注意到康德对那个有充分理由的理念的论述,即从以国家为中心的国际法向世界公民法的发展,还不够抽象。他将这一理念和世界共和国或万民国家联系起来,这样,当它面对不对称的权力分配以及无法控制的、具有巨大社会鸿沟和文化差异的国际社会的复杂性时,就可能遭到诘难。

康德是这样来论证国际联盟计划的:仔细推敲万民国家的理念,就会发现它在概念上是不一致的,他认为"其中似乎有一对矛盾","因为每个国家都包含了**上级**(立法者)对**下级**(服从者,即人民)的关系,但是在一个民族中,多个民族也只能组成一个民族。而我们将**诸民族**的法律置于彼此的关系之中来考虑,它们构成多个不同的国家,而不是联合

---

① 此处的国际联盟原文为 Völkerbund,万民国家的原文为 Völkerstaat,后者并不是通常意义上的多民族国家,而是囊括了所有民族的国家。——译者

分裂的西方 | 143

为一个国家。这个万民国家是与前提相矛盾的"。①在此，康德不仅按照个人主义的权利概念将"国家"视为自由、平等的公民的联合，而且从政治—伦理的视角视其为民族国家（Nationalstaat），即"多民族"的政治结盟，他们在语言、宗教和生活方式上大相径庭。诸民族因其国家的主权而失去了他们已经获得的民族独立性，所以他们各自的集体生活方式的自主性必定会陷入危机。按照这种解读，"矛盾"之处在于，一个世界共和国的公民为了确保和平与公民的自由，必定丧失那种实质自由，而他们作为一个以民族国家组织起来的民族的成员拥有那种实质自由。

不过，如果我们来考察一下上述论证的基础，这个矛盾就可以化解了。历代的康德阐释者已经反复处理过这一矛盾。②康德关注的范式是中央集权的法兰西共和国，它因为国家主权性的不可分割教条而进入了瓶颈状态。③尽管在三权分立的宪法国家中规定"所有权力（Gewalt）来自人

---

① Kant, *Zum Ewigen Frieden*. a.a.O., 209.
② 比较 R. Brandt, V. Gerhardt, O. Höffe und W. Kersting zu O. Höffe, I. Kant, *Zum Ewigen Frieden*, Berlin 1995; 此外 V. Gerhardt, I. Kants Entwurf "Zum Ewigen Frieden", a. a. O.; R. Brandt, "Historisch-kritische Beobachtung zu Kants Friedensschrift", in: R. Merkel und R. Wittmann (Hg.), *Zum Ewigen Frieden*, Frankfurt a. M. 1996, 12 - 30; O. Budelacci, *Kants Friedensprogramm*, Bamberg 2003。
③ W. Kersting, "Globale Rechtsordnung oder weltweite Verteilungsgerechtigkeit?" in: ders., *Rechts, Gerechtigkeit und demokratische Tugend*, Frankfurt a. M. 1997, 243 - 315, 此处 269。

民",但分歧已经在此出现。人民不能直接进行统治,而是(正如《基本法》第20条第2款所示)"通过选举和投票以及通过特殊的立法机构,来行使其权力和裁决"。在这样一个程序性的人民主权概念之上,平行的合法化链条——它们在一个联邦制的多层体系中分别进入了成员国家的层面中——必须和假定的人民主权者的想象统一起来一起思考。[1]从美国的模式中,康德可以得出一个"分摊"人民主权的构想,并且明确独立国家——这些国家要为了联邦政府而限制其主权——的人民不得丧失其文化特性和身份。

这一构想也没有完全排除那种疑虑,按照宗教和语言"区分开来的"诸民族如何在一个世界共和国中"共融"。如果康德认为,在一个高度复杂的世界社会中,权力和法律只有以"无灵魂的"专政为代价才能贯彻,那么在此背后还有福柯对"常态化"(Normalisierung)的担心。一个以联邦方式组织起来的世界共和国将不得不消弭文化和社会的差异,这一担忧中包含了根本的异议,即由于无法抵抗的倾向的功能性原因,一个全球的万民国家会蜕化为"普遍君主制"。让康德不安的是,现有的多个主权国家体系的替代方案可能是单个国家的对暴力的垄断。正因如此,康德想要用

---

[1] St. Oeter, "Souveränität und Demokratie als Problem der Verfassungsentwicklung der Europäischen Union", in: *Zeitschrift für ausländisches öffentliches Recht und Völkerrecht*, Jg. 55, H. 3, 659-712.

"国际联盟"的替代方案来寻找出路。

5. 充满误导的自然状态类比

我们有理由发问，上述的替代方案本身是否得到了正确的表述。康德是在下述类比的过程中提出世界共和国或世界政府的替代方案的，该类比使得他的概念建构仓促地走向了一种对于世界公民状态的理念的具体表述。主权国家之间的无政府状态，引发了与那种同理性法建构所熟悉的"自然状态"(Naturzustand)的类比。一切社会化之前的个人都来自这种自然状态。[1]社会契约（Gesellschaftsvertrag）使得自然状态摆脱了其持续不平等的困扰境地，进入了由国家组织起来的公民共存（Zusammenleben）状态。今天，也存在一种考虑，即各个国家还是要从同样站不住脚的自然状态中寻找类似的出路。[2]正如个人要牺牲自己的自然自由而联合成一个以国家形式组织起来的（在强制法之下）共同体，那么各个国家也必须牺牲其主权，联合为单个首脑之下的"世界公民"共同体。在契约论里，国家成了解决方案，在此诸国之国（即万民国家）也同样应是问题的答案。

即便我们在康德自己的理性法律的前提下进行考察，该

---

[1] 比较《法学理论》的结论，a.a.O.，478。
[2] Kant, *Über den Gemeinspruch* ... a.a.O., 169.

类比也是充满误导的。[1]不同于自然状态中的个人，彼此竞争的国家的公民，已经具有了一种地位，他们已经拥有了（受到限制的）权利和自由。那种类比的错误在于，国民已经经历了一个漫长的政治教化过程，他们拥有由法律保障其自由的政治利益。如果他们要参与限制国家权力的主权——这种暴力保障了法律状态——他们会将这种政治利益置于险境。在原始的自然状态中，未经教化的居民除了恐惧和他们自然状态的冲突，换言之是未经确保的自由的冲突，没有其他什么可以失去。在从古典国际法向世界公民状态演进的过程中，国家与其公民所要接受的教育不是相似的，而是互补的。而民主的法制国家的公民已经接受了那种教育，即对未加约束的国家权力进行法律化。

社会契约尝试将国家在概念上重构为合法统治的组织形式。以国家的方式组织起来的统治，就是在行政强制的法律基础之上对政治权力的运用。在此过程中，重要的是将以下两个部分组织为国家统治的逻辑：即首先一个方面是自然的、前政治的命令权力（Befehlsgewalt）；另一方面则是元社会的（metasozial）的权利的规则结构和约束力。[2]只有将这两个组成部分联合起来，才能产生政治权力，而政治权力就

---

[1] 我要感谢 P. Kleingeld 的提示：*Kant's Theory of Peace* (Ms. 2004)。
[2] J. Habermas, *Faktizität und Geltung*, Frankfurt a. M. 1992, 167–187.

是集体决定的源泉。政治权力被建构，从而具有了法律的形式。通过稳定的行为预期（并以此实现其自身功能），法律才能将其规则结构供权力支配。在此意义上，法律起到了组织权力的作用。同时，法律已经具有了一种公正的资源，权力也可由此进行合法化。政治权力源于法律的强制力，反过来，法律的强制特征源于国家的强制权力。如果权力不受到辖制，也就没有法律安全可言，而前者是保障统治的条件。

在17世纪出现了作为国家体系反思形式的现代理性法（Vernunftrecht），该国家体系在宗教战争之后，建立在世界观中立的合法化基础上。理性法出于批判的目的，分析了法律和权力的概念架构，即要明确理性的平等内涵，这种内涵最初源于国家和政治权力的"依法性"（Rechtsförmigkeit）。卢梭和康德借助其创造的自主概念，阐释了法律的隐含内涵，即法律为政治服务，而且被权威的国家权力当作工具。他们把已经彻底实证化的法律形式的合法化功能，不仅归诸一种在语义上加以把握的法律概念的规范性内核，而且最终归诸那种民主立法的产生合法性的程序。[1]这种理性法的构想在现代法律的形式中揭示了一种规范性，它赋予这一媒介以力量来使政治统治合理化（rationalisieren），而不单是给予它合理的

---

[1] I. Maus, *Zur Aufklärung der Demokratietheorie*, a.a.O.

(rational)表达。理性法的重构工作表明，国家权力是"非理性的"，包含了未经规训的决断主义[①]。但由于其合法的构造，对其进行法律化的种子已经隐含在政治权力本身。

实定法和政治权力的相互渗透，并不以合法统治为目标，而是以一种法制国家的与民主方式组织起来的（verfasst）统治为目标。政治统治的法律化，其终点就是宪法。它会产生一种自由与平等的公民的政治共同体。每个"国家"都是以等级制方式建构起来的，并且要组织起行动能力，后者要准备好运用政治权力；相反，一部"宪法"通过确定基本的权利——自由与平等的公民的自我管理组织的成员彼此承认这些权利，采用实定法的手段对公民的水平结社进行规范。在此意义上，国家统治的共和主义法律化指向了一个目标——"宪法"。

对国家权力进行的宪法化，要确保一种起始架构的倒转（Umkehrung der Ausgangskonstellation），法律最初是权力的工具。根据宪法的自我理解，"一切权力"都源于共和主义宪法的市民社会（换言之，它来自人民）的自主的、理性建构的意志。按照社会契约的逻辑，国家内部的合理

---

① 决断主义（Dezisionistisch），指将决断、决定置于考虑核心的政治和法学理论。它认为人类的行为是任意的，因此不能用逻辑分析或伦理标准来进行衡量。其20世纪在德国理论界的代表人物是卡尔·施米特。——译者

分裂的西方

化是在国家权力中实现的,这种国家权力是以符合法律的方式建构的,但其自身还不是法律化的,因此是"实质性的",其非理性的内核只有在完全建立起来的宪法国家的民主进程中才会被彻底消解。这一基本概念的背景说明从国际法到世界公民法的过渡并不是像康德所说的那样能够直线发展的。

6. 国家权力和宪法

国际法的宪法化不能被理解为宪法对自然运作的国家权力的驯服。一部国际法是国际关系的和平主义法律化的出发点,它在其古典形式中呈现为国家和宪法的镜像关系。这里缺少的并不是国际法和宪法的类比,后者创造了自由与平等的公民的联合。这里缺少的是超越了敌对国家的超民族权力。恰是这些国家,要为以国际法方式建构起来的国家共同体创造出执行其规则所必需的制裁可能与行动能力。

在此意义上,当古典国际法在形式上平权的各方之下建立一个法律共同体时,它已经是一部宪法。这种国际法的原初宪法(Protoverfassung)在很多方面不同于一部共和主义的宪法。它不是由个体的法律成员建立起来的,而是由集体的行动者共同建立的;因此,它不具有建构统治的功能,而只具有形成权力的功能。在严格的宪法意义上,国际法共同体还缺少对彼此法律义务的约束力。只有当主权自愿受到限制，尤其是要放弃其核心部分，即战争权，契约各方才能成为一个以政治方式组织起来的共同体的成员。国际联盟的成员在自愿承认侵略战争为非法时，已经承诺了一种自我义务，该义务在没有超国家的强制权力的条件下，具有比法律习惯和国家间条约更强的约束力。

国际联盟和禁止战争处在同一个发展逻辑中，它们是与国际法主体的成员资格地位相关的。最初，与共和主义国家相比，只有较弱的宪法国家共同体，如果在超国家层面上，它作为共同体想要具有行动能力的话，必须得到立法和执法机构以及制裁权的补充。横向的成员资格关系优先于组织化的行动能力，这为国际法的宪法化指明了一个与宪法国家发生学相反的方向，即从非等级化的集体行动主体的共同体化，转向一种世界公民秩序的具有行动能力的国际组织。今天，这个发展方向体现在三个令人印象深刻的国际组织中，它们的功能和架构是截然不同的。赋予联合国、世贸组织和欧盟宪法的契约文书极为不同，但无论它们被称为宪章、协议或是章程，有一点是共同的：它们让人产生一种印象，衣服裁剪得太大了，它还需要更强大的组织法的（organisationsrechtlich）机体，也就是说，要用超国家职权来填补，要具备"国家的"能力。

加强主权国家的松散的共同体，以此作为实质性国家权力的法律化，这种外推可以防止我们过早地将国际法的宪法化目标扩展为实现一个全球的万民国家。大规模的民主联邦国家，即世界共和国，是个错误的模式。原因在于，一个主权国家（自己所决定的）的宪法，它确定与之而生的政治使命与一个包容但局限于少数、明确功能的国际组织之间，并不存在结构性上的相似。如果看一下历史上的行动者，也会发现这种国家演化和世界公民权利演化之间的不对称。今天，国家要以放弃主权为代价来加入与其他国家的有规则合作，它是集体行动者，拥有不同于革命者的动机和义务，后者在很久之前奠立了宪法国家。

古典国际法的初始状况，在《联合国宪章》中留下了明显的痕迹。一如既往的重要的是，诸国家的共同体和相互确保"主权平等"的民族（第2条，第1款）。另一方面，联合国在国际安全问题以及货币和保障人权问题上保留了干预的可能。在这两个政治领域中，各成员国授权联合国安理会，如有必要，可以针对公民自己的政府，以保护公民权利。因此，宣告联合国今天已经是一个"诸国家和公民"的共同体，这也是前后一致的。与此相似，布鲁塞尔协议已经"以欧洲各国公民的名义"为欧盟宪法制定了草案。提及国家行动者的部分认为，国家作为这一发展的推动主体，要保持法律与和平的秩序；而涉及个人的部分指出，个人是世界公民地位的真正拥有者。

7. 没有世界政府的世界内政

集体和个人这样的双重指向，表明了一种重要的概念差异：一方面是联邦制世界共和国①中完全按照个人主义建构起来的法律秩序，另一方面则是政治宪法的世界社会，后者保留了国家在全球和国际间层面上"超越国家进行治理"(Regieren jenseits des Staats) 的机构和程序。②在这一框架中，国家共同体的成员虽然要协同行动，但是它们并不能被降级为联邦成员（Gliedstaat），即一个广泛的等级秩序的组成部分。当然，如果国家行动者——其主权受到限制，并受到一致的成员规范的辖制——的自我理解发生了变化，不会对至今为止在国际交往中占主导地位的、以权力和影响力为基础的国家间利益妥协模式毫无影响。

按照康德的理念，从今天现有的机构出发，我们可以将去中心化的世界社会的政治宪法设想为一个多层体系，其作为一个**整体**理应不具备国家的特征。③按照这一设想，在超国家的（supranational）层面上将有一个经过恰当改革的国际组织，能够（而且不是选择性地）履行重要且非常明确的

---

① 关于联邦制世界共和国，参见 O. Höffe, Demokratie im Zeitalter der Globalisierung, München 1999; St. Gosepath und J. Chr. Merle (Hg.), Weltrepublik. Globalisierung und Demokratie, München 2002。
② M. Th. Greven und R. Schmalz-Bruns (Hg.), Regieren in entgrenzten Räumen, Politische Vierteljahresschrift, 39. Jg., 1998; M. Jachtenfuchs, M. Knodt (Hg.). Regieren in internationalen Organizationen, Opladen 2002.
③ J. Habermas, Die postnationale Konstellation, Frankfurt a. M. 1998, 156-168.

分裂的西方 | 153

功能，如确保和平和人权政策，而不必接受一个世界共和国的国家属性。在中间的跨国家（transnational）层面上，具有全球行动能力的大国将来处理一些困难的问题，不仅是协调，而且要塑造世界内政，尤其要在常年会议和协商体系的框架中处理世界经济和生态的问题。除了美国之外，暂时还缺少合适的、具备足够有代表性的协商能力和必要执行力的国家。在世界的不同地区，各个民族国家必须结合成像欧盟那样"具有外交行动能力的"大陆集团。在这个中间层上，国际关系将以不同的方式继续存在。之所以需要改革，是因为在联合国的有效安全治理之下，国际社会的成员也将禁止用战争来解决争端。

这个简要描绘的多层体系，要在超国家层面上履行《联合国宪章》中确保和平和人权的目标；在跨国家层面，大国之间达成妥协，以处理世界内政的问题——在此我只提供了世界共和国的**概念上的**替代方案。在联合国框架下，一种没有世界政府的世界内政之思想，即联合国能够强制实现和平并贯彻人权，应当只作为例子引入。"世界共和国"或"万民国家"不是康德计划（超出了国际联盟的替代品）唯一能采取的形式。实现一种"世界公民状态"的抽象条件，也不仅仅是在全球范围内放大的宪法国家所能完成的。

除此之外，迄今为止的讨论让我们确证，世界共和国的模式对从国际法向世界公民法的过渡而言不仅是错误的步骤，还提出了错误的目标。在全球范围内放大的宪法国家中，国家和宪法要被融入同样的机构之中。在建构欧洲民族国家的历史过程中，实际融合的三个重要因素：国家性（Staatlichkeit）、国民团结和宪法，在国家之外将分崩离析。当今世界出现了文化分裂和高度分层，如果他日有了一部政治宪法的话，上述三者必须采取截然不同的样式。国家并非宪法秩序的必要前提。像联合国或欧盟这样的超国家共同体，并不垄断合法运用暴力的手段，而这种垄断对法制国家、行政国家和税收国家都起到了保障内外主权的作用；同样，它要求超国家法律优先于国内的法律秩序。在布鲁塞尔和卢森堡制定的欧洲法律将为成员国所尊重，虽然它保留了暴力手段。

国家的组织行动能力滞后于在国际组织框架中集体行动者的政治合作。这一命题提出了如下问题，去国家化的宪法是否符合宪法的共和主义。如果不是这样，国际法的宪法化也就具有了不同的意义。豪克·布鲁克霍斯特（Hauke Brunkhorst）特别在"没有自我立法的法律统治"的民主赤字视角下，分析了联合国、世贸组织和欧盟这些"去国家化的法律秩序"。[①]超国家宪法在其限制统治的功能上，让人

---

① H. Brunkhorst, " Globale Solidarität: Inklusionsprobleme moderner Gesellschaften", in: L. Wingert und K. Günther (Hg.), "Die Öffentlichkeit der Vernunft und die Vernunft der Öffentlichkeit", Frankfurt a. M. 2001, 605-626; ders., "Globalizing Democracy without a State", in: *Millenium*, Jouranl of International Studies, Vol. 31, No.3, 2002, 675-690; ders., Demokratie in der globalen Rechtsgenossenschaft, *Zeitschrift für Soziologie*, Sonderheft Weltgesellschaft (im Erscheinen).

分裂的西方 | 155

想起了前现代法律传统的榜样，这一传统源于现代早期统治阶层（贵族、教会和城市）与国王的契约。

在这一传统中，"宪法"概念的目标是通过分配权力来限制政治统治。"统治权力"相互限制和制衡的观念，早已体现在古老的议会和等级大会中，也体现为集体代表制。这在近代国家理论中，进一步发展为"统治权力的分割"，并与个人主义观念联系起来，尤其是英国自由主义人权观念，还有德国宪法主义中的立法、行政和司法的功能性权力的划分。由此，出现了两种限制权力的"法律统治"的变体——"法治"（rule of law）和"法制国家"（Rechtsstaat）。

和康德所构想的共和主义宪法一样，那种自由的宪法类型同样也是以政治统治的法律化为目标的。但是"法律化"在这里的含义是，通过对现有权力关系的体制性分割和程序调整来驯化权力。相反，法律化在共和主义的革命宪法那里有利于新建构的、产生于公民联合的（合理统治的）理性意志，却要推翻既有的权力关系。[1]在此，政治统治的法律化同样获得了一种反对保守主义国家法律传统的意义，即要对自然的、被假定"在法律背后的"实质性国家权力进行合理化。

---

[1] Christoph Möllers 指出，正如在欧洲宪法中那样，对"限制统治"的自由宪法理解是和"奠定统治"的真正民主宪法理解相关联的：ders., "Verfassunggebende Gewalt-Verfassung-Konstitutionalisierung. Begriffe der Verfassung in Europa", in: A. v. Bogdandy (Hg.), *Europäisches Verfassungsrecht*, Berlin 2003, 1-56。

8. 超国家宪法和民主的合法化

大致可靠的合法化的民主程序，至今为止只在民族国家的层面上完成了体制化；它要求一种国民团结，不能任意地超越民族国家的边界。基于这个理由，对于像欧盟那样超出了大陆统治的政治结社，可以适用自由类型的宪法。[1]它以相互的权利界定为目标来调节集体行动者的合作，将符合程序的和平的权力游戏引导到符合人权的轨道上来，并将应用和发展法律的任务交给法庭，而不是直接诉诸民主的表达和控制。在此，国际法的"宪法化"不具有国际关系法律化的共和主义意义。当布鲁-奥托·柏海德[2]借助宪法和国家的区分来解释国际法的宪法化概念时，他已经意识到了这一点："宪法的国家性（Verfassungsstaatlichkeit）当然是不会存在于国际层面的，但是宪法主义（constitutionalism）可以。此外，不存在法律的国家性（Rechtsstaatlickheit），但是存在法制；不存在国际的福利国家原则，但是有社会公正……因为民主概念缺乏国家机构的组成部分，但是它可以将人民（demos）转译为国族（Staatvolk），而在英语中，国际的统治权力源于'来自人民'（from the people）。"[3]

---

[1] G. Frankenberg, "Die Rückehr des Vertrages. Überlegungen zur Verfassung der Europäischen Union", in: L. Wingert und K. Günther, *Die Öffentlichkeit der Vernunft* ..., a.a.O., 507–538.

[2] Brun-Otto Bryde, 德国法学家, 曾任德国联邦宪法法院院长。——译者

[3] B.-O. Bryde, "Konstitutionalisierung...", a.a.O.., 62.

最后一个结果并不是不言自明的。因为在从洛克到德沃金的自由主义传统中，宪法概念与民主程序的合法化来源的关联，并非毫无对立的。"法治"的合法化源于自然法。它最终建立于人权的基础之上，而人权则是"自然而然"（von Natur aus）确立的。但是，这一立场在后形而上学思想的条件下是无法进行辩护的。相反，共和主义的宪法理解具有优势，可以填补合法性的空缺。按照话语理论的解释，共和主义的宪法理解在概念上和民众主权与人权的原则相互重叠，并将法律的合法性——其中也包括奠定了法律统治的基本法——固定在了在宪法国家中意见和意志形成的体制化程序中，该程序的协商和代表正义的特征具有创造合法性的力量。[1]但是，这种联合对合法化而言是必需的，它在超国家宪法中必须要和民主和国家的有组织统治彻底分离开来。因此，如果去国家化（entstaatlich）的宪法的规范性框架不只是一种霸权法律的门面，它就要继续（至少间接地）保持和诸宪法**国家**合法化来源的联系。

总之，超国家宪法建立在基本法、法律原则和刑法之上，它们源于民主的学习过程，并在民主方式组织起

---

[1] J. Habermas, Faktizität und Geltung, a. a. O., 151 - 165; ders., "Über den internen Zusammenhang von Rechtsstaat und Demokratie", in: ders., *Die Einbeziehung des Anderen*, Frankfurt a. M. 1996, 293 - 305; ders., "Der demokratische Rechtsstaat- eine paradoxe Verbindung widersprüchlicher Prinzipien?", in: ders., *Zeit der Übergänge*, Frankfurt a. M. 2001, 133 - 151.

来的民族国家中经受考验。在此意义上，它们的规范性本质在发生史中还受惠于共和主义宪法。不仅对《联合国宪章》是如此，它已经体现在人权宣言之中；而且对关贸总协定（GATT）和世贸组织的缔约国也是这样的。世贸组织的立法和调节实践，除了要注意通常的法律原则（例如不歧视、对等性和团结等），也越来越多地注意保护人权。[1]在此意义上，国际法的宪法化具有一种派生的地位，因为它依赖于民主宪法国家合法化职能的地位。

正如康德所预见的那样，只有当联合国的所有成员国的民主宪法最终名至实归时，联合国才算最终完成其使命。在跨民族层面上，协商体系，如世贸组织和其他世界经济的机构，允许形成政治意愿。[2]只有当以联邦方式建立起来的、在全球范围内具有行动能力的共和国成为多数之后，才能实现某种世界内政。在这些共和国中，民主进程的合法化道路要从民族国家持续扩展到大陆统治。为此，预期到来的（即使还不是马上到来的）欧盟机构的"深化"，可以起到一种表率作用。

那种限制统治，但又是去国家化的国际法的宪法化，只有当它既在联合国的层面上又在跨国家协商体系中，通过民

---

[1] R. Dolzer, "Wirtschaft und Kultur im Völkerrecht", in: W. G. Vitzthum, *Völkerrecht*, a.a.O., 502–519.

[2] 参见 *Special Report on the WTO Cancun Ministerial*, 2003 年 9 月 26 日。

主的意见和意志形成过程获得了一种直接的"保证"时，它对"世界公民状态"的合法化条件而言才是足够的。无论以联邦方式建构起来的具有大陆规模的国家多么复杂，这种民主的意见和意志的形成过程只有在宪法国家中才能彻底体制化。那种较弱的去国家化的宪法化，仍有赖于集中于国家的宪法秩序的合法化补充，只有在这里，宪法的组织部分才能确保公民可以平等地进入体制化的公共领域，通过选举、议会和其他参与形式来参与政府的政治决策。只有在民主的宪法国家之内，组织法才会支持将公民同等地包容到立法过程中去。超国家宪法中的缺失之处会始终存在这样的危险，即"占统治地位的"利益在超党派中立法律的掩饰下，以强硬的方式得以贯彻实现。

只有当这些跨国家协商体系的宪法满足了限制权力和均衡权力的前提，对它而言，与所参与政府的国家内部合法化的关联才有可能充分。在这个跨国家层面上，各大国越是准备好将自己理解为一个全球国家共同体的成员，并从其自己国家的公共领域的视角这样来看待自己——其合法化正源于此，就越是可能满足其对合作与公平的期望。但是，为什么要在联合国的门面背后保卫强国的霸权法律呢（这一点如今在安理会常任理事国的否决权中甚至得到了明确的承认）？

布鲁霍斯特回答了这个问题，他指出，一个加强的、虽然仅仅是在非正式的具有影响力的世界公共领域具有如下的替代功能,"一个弱的公共领域的自发活动","虽然不能确保在组织法上进入强制决定",但至少可以开启"讨论和决策之前的松散关联"的合法化道路。[1]在我们的讨论中,这并不关乎经验问题,例如合法化压力实际上有多大,因为由媒体和非政府组织产生、由社会和政治运动所动员的世界公共领域,对联合国的政治以及国际法庭的判决具有影响力;而更多的是关乎理论问题:如果没有宪法的体制性道路将交往产生的影响力转化为政治权力,一个非正式的公共领域中的全球意见塑造,是否能为世界公民社会创造出充分的整合,并为联合国创造出充分的合法性来?

幸运的是,这种功能性要求所必须达到的门槛并非高不可攀。如果民族共同体关注、确保和平与保护人权的功能,世界公民所需要的团结就不像国民团结那样,需要建立在一个共同的政治文化和生活方式的"强的"伦理判断与实践之上。对于大规模侵犯人权和军事侵略行径,共同一致的道德批判已经足够。至于一个世界公民社会的整合,对大规模犯罪行径的一致的负面反应也足够了。普遍主义公正道德的消极义务,即放弃侵略战争和停止侵犯人权的义务,最终也为国际法庭的判例和联合国的政治决定提供了标准。这些在根植于共同文化场景中的判断基础是十分狭窄的,却是强有力

---

[1] H. Brunkhorst, "Globalizing Democracy...", a.a.O.

的。基本上，它们足以让世界范围内规范立场的联合成为国家共同体的议事日程，并被赋予不断被激发的世界公共领域所主动强化的反应的合法性力量。

9. 让步的倾向

康德将持续的世界和平构想为国家关系的彻底法律化。那些首先在共和主义国家宪法中出现的原则，也应当为每个人建构出这种世界公民状态和人权。在康德那里，世界公民状态的理念要在世界共和国宪法中获得其具体内涵。当然，他对这样一种齐一化的，甚至有些独裁暴力的倾向感到不安，它似乎是内在于世界共和国的结构之中的，所以他将国际联盟作为替代物。如果一个将一切都齐一化的万民国家垄断了全球暴力，成了主权国家共处的唯一方案，不是将世界公民状态通过强制法的途径实现，而是通过具有和平意愿的共和国的自愿联盟（这一较弱形式）来实现，似乎更好。我想指出的是，这一使得康德得出了如此结论的方案，其本身并不完整。如果人们以足够抽象的方式来总结国家之间自然状态的法律化理念，而不使用错误的类比的话，另一种将国际法宪法化的观念，即围绕自由的、联邦制的和多元观念的扩展形式，似乎**在概念上是可能的**。

考虑到战争科技和安全风险都发生了变化，国际法在一个高度复杂的世界社会和高度独立的国家体系的环境中，受到了欧洲犹太人毁灭以及其他事件的历史经验的挑战。因此，政治的多层体系的观念，其可能性不是单纯的空想。该体系在整体上不具有国家的属性，在超国家层面上，如果没有垄断暴力的世界政府，就不能确保和平和人权，也不能在跨民族层面上处理世界内政的问题。尽管这个被暴力统摄的世界的无力状态，也为嘲笑魔法预言家的梦想提供了充足理由。这样说也是正确的：世界公民状态的理念在规范上有好的理据，但是如果没有脚踏实地地看到那种让步倾向的语境的话，就会是个空洞的和误导性的承诺。

康德也知道这一点。尽管他赋予了"不得有战争"这样的道德命令以绝对有效性，但他出于启发式的目的来处理历史哲学的考虑，也要使世界公民状态获得经验的可能性和说服力。康德当时断言的那些让步倾向，不仅仅是"妥协"。回过头看，民主国家的温和性格、世界贸易促进和平的力量和公共领域的批判功能，也具有矛盾的面貌。虽然一般而言一个共和国能和其他共和国和平共处，但是它在好战方面也并不逊色于其他国家。资本主义的出笼也不仅在帝国主义时代产生了令人不安的后果，现代化亦伴随着现代化失败者的断根。而一个被电子大众媒介所控制的公共领域不再为启蒙服务，而是为操控和灌输服务。此外，私人电视也承担了悲哀的先锋功能。

如果我们想要公正地看待康德计划的重要性，就必须摒除其时代视域所产生的成见。康德也是他所处时代的孩子，亦带有一定的局限性：

——康德有着那种新的、1800年左右开始占据统治地位的历史意识，他对文化差异并不敏感，而在早期浪漫主义中这种文化差异已经凸显出来。虽然他承认宗教差异具有分裂力量，可以有不同的宗教书籍和历史形成的信仰，但认为"只存在唯一的、对所有人和在所有时代有效的宗教"。[①]

——康德和抽象的启蒙精神非常接近，但他并不了解民族主义的破坏性力量。当时，一种影响广泛的民族（语言和出生共同体）归属的政治意识才刚刚抬头，该意识在19世纪中作为民族意识，不仅在欧洲造成了严重破坏，而且顺着帝国主义的动力向海外的工业国家扩张。

——康德和他的同时代人一样，具有"人道主义"观念，他认为欧洲文明和白人种族具有优越性。他对国际法的特殊主义本质的有效范围有着错误的认知，国际法在当时只适用于少数几个国家和基督教民族。而只有这些民族承认彼此具有同等权利；出于殖民和传教的目的，他们将世界的其余部分划分为几块，以施加他们的影响。

[①] Kant, *Zum Ewigen Frieden*, a.a.O., 脚注 225f。

——康德还不清楚下属情况的意义,即欧洲的国际法是内嵌于基督教文化的。这一背景的联系力量所暗含的共同价值导向,直到第一次世界大战还是足够强大的,足以将军事暴力的运用或多或少地限制在法律规范的战争行为内。

由历史处境造成的面对未来时的意识落后,并非反对康德道德和法律理论的普遍适用的理由。其盲点也表明了在历史中可以理解的选择性,即选择性地运用那种普遍化和彼此视角交换的认知程序。康德赋予其实践理性,称之为国家法的世界主义发展的基础。

第二节　国际法的宪法化还是自由的超级大国伦理

1. 从当下挑战来看国际法历史

我们作为后来者，在两百年之后回看欧洲国际法的辩证发展道路时，拥有受之有愧的认知特权。在这一法律演化过程中，20世纪的两次世界大战和冷战的终结，构成了几次重大转折，最后一个转折相对于前两个事件而言，还看不出清晰的模式来。两次世界大战是两个分水岭，旧希望破灭，新希望诞生。在通往世界社会的政治宪法的艰难途中，国际联盟和联合国是巨大的成就，即使其还存在风险，并且情况可能被逆转。当日本侵占中国东北时，当意大利吞并埃塞俄比亚时，当希特勒吞并奥地利和苏台德地区、积极准备战争时，国际联盟解体了。联合国的工作最终在朝鲜战争期间陷入停顿，世界大国相互对峙，安理会也因为抵制而举步维艰。

第三次转折，苏联的解体，也开启了希望，即在联合国的主导之下建立新的世界秩序。伴随着一系列人道主义的维和行动与强制干预，随着战争犯罪法庭的建立和对侵犯人权行为的刑事追责，联合国似乎终于拥有了行动能力。但同时也出现了不少倒退，其中有恐怖主义袭击——美国及其盟友最终称之为"宣战"。2003年3月联军进入伊拉克所引发的事件，导致了一种具有歧义的情况，这在国际法历史上是史无前例的。一方面，一个超级大国相信在必要情况下可以用武力来贯彻其意志，根据其主观判断可以无视安理会决议，自行主张其自我防卫的权利。联合国最强大的成员国故意不理会禁止使用暴力的基本规范。另一方面，联合国并没有分裂，其国际权威似乎反而从这次冲突中得到了加强。

这个令人捉摸不透的情况是不是一个标志，即国际法的宪法化之进步，在两次毁灭性的倒退之后，依然获得了一种在规范意义上的执着动力？抑或它标志着国际关系法律化终结的开始？在外交上放弃对国际法未来进行公开争论，产生了一种言辞的灰色地带，在它背后发生了一种令人疑惑的融合，即宪法法律和超级大国霸权法律的融合。或者说，可能制造出卡尔·施米特意义上的令人惊恐的大空间竞争的格局。在宣传上弱化定义明确的"武装侵略"，美化国际法对新风险"适应"，并不是什么好兆头，如果我们看到实际出现的修正所给出的托词使国际法原则实际上失效了。

某些国家的政府允许庇护或者积极地支持国际恐怖主义，对这些国家的制裁既不需要改写有严格规定的紧急防卫权，也不需要放弃《日内瓦公约》的核心规定。在国家内部有效地和新型恐怖主义进行斗争，也不需要限制基本权利——这种限制可能非常接近基本权利的废除。[①]当然，如果美国政府发生权力更迭，这样的可怕之事也可能再次消失。权力利用其军事上和经济上的优势，根据其自身宗教上对善恶的概念来创造一种地缘政治的世界秩序。这一权力图景提示了一种在启发意义上有用的替代方案——是让国际法持续宪法化，还是用自由的大国伦理来替代国际法？

这一设问将我们的对国际法（和国际法学说的）历史的目光引向了特定的方向。对正确理解这种替代方案及其概念背景至关重要的是国际关系的法律化，即将国际法转型为一部世界公民宪法。康德把一种对政治统治**合理化**的力量赋予了法律，后者必须中立地确定和使用。如果没有这一前提，霸权的单边主义就全然不同了——其结果不是根据现有的程序，而是依据自身的价值来加以辩护——它不再是对国际法的伦理替代方案，而是典型的帝国主义变体重回国际法。

按照后一种理解，国际法将其功能局限在协调国家间关系上，因为它更多是反映而不是要改变基础的权力架构。它只能在现有权力关系的基础之上发挥其调节、安抚和稳定的功能，它不具备如下的权威和内部动力，即为了赋予联合国权力而确认并制裁违反国际安全和人权的行径。在这一前提下，国际法为变动中的权力架构提供了灵活的中介；但它不

[①] G. Guillaume, "Terrorism and International Law", in: *International Crimial Law Quarterly*, Vol. 53, July 2004, 537-548.

是一个可以消解准自然权力关系的熔炉。国际法的理想类型是伴随着相应的权力架构而变化的。在这种连续性的一端,是以国家为中心的国际法,它表达了主权国家之间的多边关系;在另一端,是一种帝国权力的霸权法律,它退出国际法是为了最终将自己国家的国家法体现在其中。[1]

在不同的国际法观念之中,我们应当选择哪一个?[2]它们相互竞争不仅是为了国际法历史的正确阐释,它们自身已经嵌入了这一历史语境之中,以至于会影响到其现实的运作。权力和法律的关系也要受到国家行动者的规范性自我理解的影响,因此也不是依靠描述可以把握的常量。这也造成了对社会本体论解读的反对,该解读认为权力关系总是法律关系的解释学关键。相反,康德式的变体引入了一种可能性,即如果一个超级大国是按照民主方式组织起来的并能深谋远虑,她不会把国际法作为自身目标的工具,而是会将其提升为一个最终对其自身进行约束的计划。不用先发制人的打击来恐吓未来可能出现的超级大国,而是及时地让它们遵守一个以政治方式确定的国家共同体的规则,这甚至有可能是符合超级大国的长远利益的。

---

[1] 我要感谢 Nico Krisch, *Imperial Law* (Ms 2003)。
[2] 参见实用概览 A. v. Bodgandy, Demokratie, "Globalisierung, Zukunft des Völkerrechts- eine Bestandsaufnahme", in: *Zeitschrift für ausländisches und öffentliches Recht und Völkerrecht*, Bd. 63, Nr.4, 2003, 853-877。

2. 民族的权利——1848 年前后的尤利乌斯·弗洛贝尔 (Julius Fröbel)

粗略地一瞥，让我们看到了一种背道而驰的趋势，该趋势决定了至今为止国际法的历史。在漫长的 19 世纪中，一种盛行的观念逐渐遁入幕后——该观念认为，致力欧洲统一的和平计划并不能驯服民族国家的政治本质及其世界历史职责。"作为国家的人民是精神实质上的理性和直接的现实性，因此是地球上的绝对权力。"黑格尔（在其《法哲学》第 331—340 节中）用这句口号来反对康德的观点，即"用国家联盟建构永久和平的构想——该联盟将调节所有的争端"。黑格尔用了在德国具有权威性的说法"外部国家法"(äußerer Staatsrecht) 来处理国际法。由于缺乏"一致"的宗教道德背景，主权国家之间的争端"只有用战争来解决"。[1]然而，从德国人本主义启蒙向带有民族偏见的自由主义意识形态的转变，直到 1848 年革命失败之后才彻底完成。

在这方面，尤利乌斯·弗洛贝尔（他出生于 1805 年，是改革教育家弗里德里希·弗洛贝尔的侄子）的生平和作品具有标杆的意义。弗洛贝尔就读于耶拿大学，师从康德主义

---

[1] 并不缺少拯救黑格尔名誉的尝试，参见：R. Fine, "Kant's theory of cosmopolitanism and Hegel's critique", in: *Philosophy & Social Criticism*, Vol. 29, 6, 2003, 611 – 632。

者雅克布·弗里德里希·福莱斯(Jakob Friedrich Fries),并受到费尔巴哈宗教批判的影响。他作为私俸讲师在苏黎世教授地理,他通过胡戈[①]接触到了左翼黑格尔主义者的圈子,后因政治原因放弃了教职。随后,在他从事出版工作,并以极左组织"雷山"[②]的成员身份进入保罗教堂[③],最终未能成为巴登州革命政府的成员之前,写作了两卷本的《社会政策的体系》,并于1847年出版。[④]他的那种激进民主的、受到康德与卢梭启发的"国家法"(Staatsrecht)构想,出众之处在于其原创的、当时对扩展福利国家和对民主意愿形成的政党角色的超前考虑。除此之外,他对协商政治的理解,使他成为民主法制国家的程序解读的先驱。[⑤]

我们的讨论感兴趣的是康德的世界公民状态之理念在三月革命前(Vormärz)[⑥]的激进化。弗洛贝尔用更为广泛的

---

① 此处指阿诺德·儒格,Arnold Ruge,德国作家,1848年为国民议会成员。——译者
② Donnersberg,1848年德国国民议会中最左翼的一个阵营。他们要求国民主权,并希望按照美国的联邦模式来构建国家。——译者
③ Paulskirche,指法兰克福的保罗教堂,1848—1849年德国首次国民制宪议会在此召开。——译者
④ Scientia Aalen 出版社在1975年初出版了影印本: J. Frödel, System der socialen Politik, 2. Auflage, Mannheim 1847 (以下征引为 Frödel [1847]), Bd. I und II. 其生平资料来自 Rainer Koch 的"新版导言"
⑤ J. Habermas, "Volkssouveränität als Verfahren" (1988), in: ders., *Faktizität und Geltung*, a.a.O., 600-631, hier 612ff.
⑥ 对于1848年德国三月革命之前的阶段的界定,有人认为始于1815年德意志邦联的建立,有人认为始于1830年的法国六月革命。总之这是一个充满冲突和歧义的时段,其基本冲突是民族主义和自由主义,在国际层面上主要受到了奥匈帝国首相梅特涅的影响。——译者

分裂的西方 | 171

讨论予以回应，该讨论是由康德的永久和平论所引发的。他必须在政治和精神的氛围中为康德（在诸国家中）[①]对正义和永久和平的要求进行辩护，这种氛围相对于18世纪人道主义的基本观点，经过黑格尔和历史学派的阐释，已经发生了改变。他传播其文化史、人类学、民族志和地理学中关于氏族、语言和种族差异性的知识，因为这些社会和文化生活的"自然"因素，对于以自由为目标的政治结社而言是某种"消极因素"。尽管文化的进程"分裂并融合"了各民族，在伦理的发生学根基和以政治方式组织起来的民族意志之间，还是存在一种对立。瑞士就是这样一个例子，"各民族主要将其存在建立于自由结社和联邦制度的基础之上，通常是因为外部压力而保持共存，一直共同成长为共同体的组成部分"[②]。弗洛贝尔热衷的是"各民族存在的道德的、自由的、真正的政治时刻"，它"出于自由决断的联邦手足之情（Bundesbrüderschaft）"（I，245）。其视角从一开始就已经超出了民族国家，而着眼于诸国家的联邦了。

只要民族坚持将自身视为目标，自由国家中的公民意识也会保持一种"有限的爱国特征"。[③]弗洛贝尔以"个体决定——即每个人给予自身标准"[④]的名义反对这样一种国家

[①] Frödel (1847), Bd. II, 458.
[②] Frödel (1847), Bd. I, 246f.
[③] Frödel (1847), Bd. I, 538.
[④] Frödel (1847), Bd. I, 57.

和民族的本质化（Substantialisierung）。对单个人团结和所有人团结的同等尊重，仅仅适用于"文化的最终目标"。这种人类的理念应当在全球国家联邦中出现，该联邦通过克服国内和国际政治、国家和国际法之间的对立来消弭战争。弗洛贝尔用一种"所有人以民主方式组织起来的联邦手足之情、人类种族（该种族意识到自己是这一星球的自主居民、所有者和管理者）的普遍自我统治"①的方式，来描绘康德的世界公民状态之理念。此外，他以美国的联邦体制和瑞士的多民族国家，而不是中央集权的法兰西共和国作为方向。

以联邦方式构建起来的世界共和国之理念，并不需要松散的民族联盟之替代品。转变为成员国的单个国家之主权，因为战争权力而消失了，其对立面——不干预原则——也消失了。弗洛贝尔认为它是"虚弱时的不幸托词"："问题始终在于，应当为了有利于自由和文化，还是为了自我中心的利益和野蛮而加以干预"。②只有"作为革命"的战争才是允许的，即为了实现民主和公民权利的自由运动的形式。为此，内战各方甚至获得了干预各方的支持。③这种干预是否符合法律（Rechtmässigkeit），应当由国际法庭来裁定。

1849年，这位被通缉的革命者④不得不离开德国。在美

---

① Frödel (1847), Bd. II, 469.
② Frödel (1847), Bd. I, 250.
③ Frödel (1847), Bd. II, 462ff.
④ 指弗洛贝尔。——译者

国客居8年之后,他重返德国。根据罗朝①的观察,弗洛贝尔不仅转向了"现实政治"(Realpolitik),他用一种共鸣的方式整理移民生活的经验,其作品也代表了一种政治气候的转变。②1861年,在《社会政治的体系》(*Das System der socialen Politik*)一书出版14年之后,他再度出版了两卷本的《政治的理论》(*Theorie der Politik*)③。在此书前言中,他坦言自己已经放弃了"革命精神的狂妄"。如今他追随黑格尔和历史学派,认为国家不仅是为其公民而存在的,而且是作为一个有组织的和有自主的道德权力的自我目标而存在的。由于各个国家都不能容忍自身的权威不如他国,因而国家间的关系并不是"从法律的权力,而是从权力的法律"获得的。④国家之间只会继续存在自然状态,"因此,普遍国家(Univeralstaat)是道德上绝对的但充满矛盾的想法,它不是一种退回到现实性背后的理念,而是一种思考的怪胎,一条道德判断的歧途"⑤。

---

① L.A. von Rochau,路德维希·奥古斯特·冯·罗朝,德国记者,1853年创造"现实政治"一词。——译者
② 在美国,种族问题的敏感化甚至使得这样一个叛教者成为社会达尔文主义者的先驱。
③ 此书的维也纳版本的影印本由位于Aelen的Scientia出版社于1975年发行,以下缩写为Frödel (1861), Bd. I und II。
④ Frödel (1861), Bd. I, 331.
⑤ Frödel (1861), Bd. I, 328.

3. 康德、伍德罗·威尔逊和国际联盟

弗洛贝尔无疑不是个学院派，但是他对康德计划的敏锐判断，被黑格尔学派的阿道夫·拉松（Adolf Lasson）所认识到了。[1]这也体现了1871年到1933年期间不少德国国家法学者的主要背景信念。[2]相对于从艾里西·考夫曼（Erich Kaufmann）到卡尔·施米特这样著名的国际法"否定者"，像瓦尔特·舒金（Walter Schücking）和汉斯·科尔森（Hans Kelsen）这些国际主义者的影响力曾经是非常边缘的。民族主义和权力国家思想的阴影一直笼罩着那些自由创新，即在西方国家以国际法职业为出发点的创新。科斯肯涅米将其有关国际法历史的写作中两个感人的章节，献给了那些法学家正直而充满争议的努力。从1960年代末开始，他们聚集在国际法学会（institut de droit international）和《国际法和立法比较》杂志（*Revue de droit internationalet de legislation comparee*）周围。他们中的不少人参与了海牙和平会议的工作。当时，尽管1864年召开了日内瓦会议，战时法对于战争行为和阴险行径的文明化、保护平民和伤员、以人道行为对待战俘以及保护文化遗产，并不具有普遍的约束力，"事实上，除了1870年到1914年这段时间外，人们或许从未如

---

[1] a. Lasson, *Prinzip und Zunkunft des Völkerrechts*, Berlin 1871.
[2] M. Koskenniemi, *The Gentle Civilizer of Nations. The Rise and Fall of International Law 1870 - 1960*, Cambridge 2002, 179 - 265.

此热情地研究过战争法"①。

着眼于民族的自由主义者们认为,国际法学家的职业使命在于为人类的政治良知发声。民族国家的存在和独立性对于他们曾经是不言自明的;但是只有欧洲国家属于这样一个文化圈,即共同认同启蒙运动的理念、人权和人道的准则。似乎只有那些文明的社会才足够成熟,支持各个国家在国际共同体中具有同等权利。国际主义者虽然也曾经认识到殖民主义的残忍,但在他们看来,欧洲人一度扮演了将文明推广到地球上其他地方的角色。以白人的西方优越感来看,如下事件的发生是非常自然的——殖民国家彼此之间用契约的方式来规范其诉求,但并没有和其殖民地建立这样的关系。现存的文明落差和由此产生的教化使命可以说明为什么国际法准则的普遍主义,是与那种内在于殖民主义的排他逻辑相一致的。

无论如何,法学职业现今不仅对国际法的法理建构有所建树,而且在法律政治方面,尤其是在人道主义国际法领域有了长足的进展。但与此同时,欧洲民众心中的震惊也愈来愈大,例如对于史无前例的暴力、残酷的阵地战和第一次世界大战中(使用了坦克、毒气和火焰喷射器等)的装备战争。第一次"全面"战争使得所有在战争中限制使用军事暴

---

① M. Koskenniemi, *The Gentle* ..., a.a.O. 87.

力的努力都毁于一旦。海牙和平会议的结果是一种轻蔑的否认，它一方面构成了古典国际法历史上的一个重大转折；另一方面，人们对战争的震惊也促使伍德罗·威尔逊提出要建立国际联盟。漫长的 19 世纪在动荡中落幕，这种动荡为国际法宪法化的开端准备了条件。

随着国际联盟的成立，康德的计划首次进入实践政治的议事日程。此后不久，它将成为国家和国际法学者专业讨论的主题。① 经历了一战的恐怖之后，康德的理念首次影响了法律政治和法学理论。在生灵涂炭的欧洲，公共领域中的和平运动的口号要比在各国政府中的更为响亮。这需要一位美国总统的倡议，他本人就是训练有素的法学家，并且在实践中贯彻这一哲学思想。威尔逊受到了进步的国际主义者的影响，尤其是妇女和平党（Women's Peace Party）的影响。而来自民主控制联盟（Union of Democratic Control）② 的英国激进分子，早在战争中就已经提出了和平联盟的计划，并以将此作为战后世界秩序的核心。1916 年 5 月，威尔逊在"美国实现和平联盟"（American League to Enforce Peace）进行了公开演讲。美国首次决定性地参与了欧洲冲突。面对犹豫不决的协约国，威尔逊将美国放到了历史的天平之上。

---

① 汉斯·科尔森和卡尔·施米特与乔治·塞勒（George Scelle）和赫什·劳特派特（Hersch Lauterpacht）展开了争论。
② Th. Knock, *Woodrow Wilson and the League of Nations*, Princeton 1982, Kap.IV.

在美国的调停下，1918年11月达成了停火协议。3个月之后，威尔逊开始担任国际联盟一个专门委员会的主席，11天之后起草了大会草案。在德国，像卡尔·佛兰德（Karl Vorländer）、卡尔·考茨基（Karl Kautsky）和爱德华·斯普朗格（Eduard Spranger）那样积极投身政治的学者和知识分子，已经从威尔逊的讲话中看出了康德式国际联盟的概念。[1]虽然威尔逊从来没有直接援引康德的《永久和平论》，但是他留下了一系列令人信服的暗示，这说明他对这一文本必定是十分熟悉的。[2]康德思想不仅体现在政治目标中，而且体现在国际联盟的组织构成中。禁止战争——推翻了那时国际法中的一个重要标志——标志着法律演化史上的一次重大飞跃。国际联盟的章程（共26条）第11条第1款确定："任何战争或战争之威胁，不论其直接影响联盟任何一成员国与否，皆为有关联盟全体之事。"成员国不得保持中立。从这一成员的义务中，1928年形成了《白里安—凯洛格公约》第一条中对战争的绝对禁止，对此美国的法学家再次起到了举足轻重的作用。

根据康德的范式，国际联盟为了实现这一目标，必须依靠（拥有主权且保卫和平的）民主国家自愿来承担义务。国际联盟应当在（以民族国家方式组织起来的民族的）民主自

---

[1] G. Beestermöller, *Die Völkerbundidee*, Stuttgart 1995, 161f.

[2] G. Beestermöller, *Die Völkerbundidee*, a.a.O, 101f.

决的基础上，将国家主权和国家团结结合起来。威尔逊显然不承认民族原则的破坏力，但该原则成了巴黎和谈中欧洲和近东区域新秩序的基础。英国、法国、意大利和美国被指定为国际联盟的常任成员，当然这并没有获得批准。威尔逊从中看到了一种新的、以法制国家和民主自决为基础的世界秩序的先驱。自由的视角也决定了接纳新成员的实质性标准。正如对康德而言，世界主义法律状态的引入首先意味着消弭战争："我们寻求的是法律的统治，该统治基于被统治者的同意，并且是由人类的有组织的意见所维持的"①。

第8至17条预防战争的条款，在相互的援助、限制装备、经济制裁和（通过调解法庭或者国际法院或者联盟大会）和平的争端调解机制基础上，建立起了一个集体安全体系。②但是，如果没有"侵略战争"的部分，或者没有一个具有相应职权的国际法院，也没有具有意志和能力的超国家实体来有效地制裁破坏和平的国家，国际联盟就无力对抗随后的"轴心国势力"（日本、意大利和德国），它们退出了国际联盟。当法西斯德国发动战争，切切实实地影响了欧洲并将她推向深渊时，国际联盟已经瘫痪许久。一道比战争的毁

---

① R. S. Baker (Ed.) *The Public Papers of Woodrow Wilson*, vol. 1, New York 1925, 233.

② A. Verdross and B. Simma, *Universelles Völkerrecht*, 3.Aufl., Berlin 1984, 66ff.; E. Klein, "Die internationalen und supranationalen Organisationen", in: W. G. Vitzthum, *Völkerrecht*, a.a.O. 273ff.

灭还要深的文明的裂痕，损害了德意志文化和社会的道德核心，并挑战了人类这一整体。

4. 联合国宪章：一部"国际共同体的宪法"？

从那时起，需要避免的恶行不仅突破底线，上升为全面冲突的战争，而且出现了前所未有的暴力的非文明化，迄今为止不可逾越的基本抑制机制的解体和深层次恶行的大规模常态化。面对这种新的邪恶，国际法不再能坚持其前提，即禁止干涉。纳粹政权所犯下的滔天罪行，在对欧洲犹太人的毁灭中达到巅峰，还有极权统治对本国国民犯下的国家罪行，抽掉了国际法主权主体无罪责原则的基础。那些罪行说明了这一想法的荒谬，即认为国家行动是无关道德和刑法的。各国政府连同其担任公职的人员、官员和协助者不再能拥有豁免权。人们预计罪责的定义将被纳入国际法之中，在纽伦堡和东京军事法庭上，盟军对战败国的代表、官员和公职人员准备和发动侵略战争、反人类罪行进行了审判。作为诸国家之法律的国际法，那时已经开始终结。这同时也是一种道德转折，人们逐渐接受了建立一个国际刑事法庭的想法。

早在二战期间，罗斯福和丘吉尔就在《大西洋宪章》中提出，要"建立一种全面和持久的普遍安全的体系"。在雅尔塔会议之后，4个战胜国邀请各国到旧金山参加成立大会。两个月后，1945年4月25日，51个创始成员国一致通过了《联合国宪章》。尽管人们对成立联合国表现出了极大的热忱，但是还没有就此达成一致，即这个新的国际组织除了在预防战争时可以进行直接干预，是否要将国际法转变为一部世界宪法。当我们回顾历史时，可以确定，那个在旧金山出现的国家共同体的先驱，已经跨越了国际法宪法化的门槛，如果我们从特殊角度来理解的话："宪法主义……的目标是，通过最高层面的法律原则，尤其是人权，来限制立法者的无限权力，这在国际法体系中首先指的就是制定法律的国家"[1]。

相较于两次世界大战之间的国际联盟的可耻失败，短暂的20世纪下半叶充满了具有讽刺意味的矛盾，一方面是国际法的巨大创新，另一方面是冷战的权力格局，它妨碍了那些创举在实践中的有效性。我们在第一次世界大战之中和之后也观察到类似的辩证动态：战争期间的倒退，战争之后的创新，以及在已有水平上再次更深的失望。我们也可以用类似的方式来描述朝鲜战争以来对联合国行动能力的阻碍。但这一次，更多的是一种政治层面的僵局，而并没有落到曾经达到过的国际法水准之下。联合国继续存在，这甚至唤起了一种印象，即一切如常。无论如何，它提供了一种持续产生

---

[1] B. -O. Bryde, "Konstitutionalisierung ...", a.a.O., 62.

规范的体制性框架。

1945年以来还在进行的即便毫无成果的国际法创新——这是我们首先要讨论的问题——已经远不止是康德式独立共和国的自由联邦之替代物。但是,它并非要成为一个垄断暴力的世界共和国,而是——根据其要求——要成为在超国家层面上的和平与人权统治。它应当以世界社会进一步的和平化和自由化,在跨国家层面上为没有世界政府的世界内政创造前提条件。在法律文献中,《联合国宪章》是否可以被阐释为一部宪法,这是充满争议的。[1]

我并非这一领域的专家,我将突出与国际联盟对应的三个规范性创新,这些创新使得《联合国宪章》首先获得了宪法的属性。但这并不意味着《联合国宪章》本质上已经是国际宪法,或者是以此为目的的。宪章的表述像字谜,既对传统的解读方式开放,也对作为宪法的阐释开放。这主要是因为以下三个方面的原因:

——用人权政治来明确维护和平这一目标;

——将禁止暴力与实际的刑事追诉和制裁的威慑相联系;

——联合国的包容性和由她制定的法律的普遍性。

当然,1989到1990年出现的情况才导致了如下的现实

---

[1] Bardo Fassbender, "The United Nations ..." a.a.O 提出了宪法建构的8个特征:"在这个建构的时刻,治理的体系、对成员的定义、规范的等级、永久条款 (eternity) 和修正案、一部宪章、宪法历史、普遍性和主权问题。"

问题：即联合国是否拥有一部敦促其成员国建构性地改变其自我政治理解的宪法。这一话题甚至在国际法学科内部和政治公共领域中释放出了两极化的效果。根据我的理解，《联合国宪章》提出了一个框架，在该框架中，成员国不再必须将自身仅仅理解为国际法契约的主体；连同其公民在内，成员国现在可以被承认为一个以政治方式建构起来的世界社会的承载者。至于这一动机是否足以引发国际法主体自我经验的内涵转型，将尤其取决于世界社会自身的文化和经济动力。

5. 三项国际法创新

出于如下目的，我想来谈一下上述三项创新：从1945到1948年的创新，超越1919到1928年的。对这一话题的澄清也构成了"分裂的西方"的背景。

(1) 康德将废止战争的问题理解为建立世界主义宪法状态的问题。虽然这一计划构成了威尔逊建立国际联盟的主导语境，但这样一部国际联盟章程并没有建立起世界和平与基于人权的世界宪法之间的关联。国际法的进一步发展，为预防战争这一目标提供了手段。这和《联合国宪章》一起发生了变化——宪章在序言的第二条强调了"重申基本人权，人格尊严与价值"，并在第一条第一款和第三款中将世界和平和国际安全的政治目标与在全世界范围内"不分种族、性

分裂的西方 | 183

别、语言或宗教，增进并激励对于全体人类之人权及基本自由之尊重"联系起来。1948年12月10日的《世界人权宣言》突出了这一关联，并在《联合国宪章》的序言中予以了充分的体现。

这样，国际社会就有义务在全世界范围内将宪法原则付诸实施，这些宪法原则至今为止仅在民族国家内部得以实现。[①]联合国的使命也逐步地超出了第一条第一款的确保和平这一目标，而变成在全球范围内促进和贯彻人权。在此期间，联合国大会和安理会也用人权政治的含义来阐释"破坏和平"、侵略及"威胁和平"。联合国虽然感到她只为国家之间的冲突和侵略行径负责，但逐渐也要为像国家解体、内战和大规模侵犯人权这样的内部冲突负责。

1966年，《世界公民权利和政治权利公约》和《经济、社会及文化权利国际公约》对《世界人权宣言》进行了补充，此外，不同的反对歧视的条约也对之进行了补充。在此意义上，值得注意的是全世界范围内的对侵犯人权的监控和报告体系。联合国人权委员会有权在必要时对相关政府施加外交影响。它也要审核单个公民针对其政府侵犯权利的申诉。这种个人申诉即便不具有很大的实践意义，也对机构而

---

① 关于人权国际化的问题参见：H. Brunkhorst, W. R. Köhler, und M. Lutz-Bachmann (Hg.), *Recht auf Menschenrecht*, Frankfurt a. M.1999。

言具有重大意义，因为这样公民就成了国际法的直接主体。[1]国家距离世界公民权利还有多远，仍要视如下情况而定：1987年的《联合国反酷刑公约》[2]虽然已经获得51个国家的批准而生效，但是很少有国家因为个人申诉而承认其约束力。

(2)《联合国宪章》的核心是在根本上禁止暴力，该禁令不能通过类似军事联盟或联合组织成员之间的国际条约被废止。唯一的例外就是那种狭隘定义的自我防卫权，不得对它进行任意的和弱化的解释。不干预原则也不适用于那些违反暴力禁令的成员国。《联合国宪章》对违反规则的情况也规定了制裁以及在必要时使用警察功能的军事力量。[3]宪章的第42条表明了通往国际法宪法化的第二个至关重要的阶段。国际联盟的委员会只能向其成员国提出强制措施的建议，但是安理会可以自行推动她认为必要的军事措施。第43条甚至授权安理会可以自主命令使用成员国提供的军事力量和运输支持。

---

[1] Kay Hailbronner, "Der Staat und der Einzelne als Völkerrechtssubjekte", in: W. G. Vitzthum, *Völkerrecht*, a.a.O., 161-267.

[2] 亦称《禁止酷刑和其他残忍、不人道或有辱人格的待遇或处罚公约》，中国于1986年12月12日签署。——译者

[3] J.A.Frowein und N. Krisch, "Chapter VII. Action with respect to Threats to the Peace, Breaches of the Peace, and Acts of Aggression", in: B. Simma (ed.), *The Charter of the United Nations. A Commentary*, Second Edition, Oxford 2002, 701-763.

如果不能建立联合国的总指挥权，这一规定是无法落实的。在此期间，联合国参与了不少事件。考虑到这种情况，人们可能还是希望那些大的成员国让其军队做好准备，以便参与快速干预行动，但是至今仍需要安理会来批准（委托或允许）有能力的成员国来执行其制裁措施。大国之所以愿意合作，是以《联合国宪章》中的否决权为代价换取的，而该权利也对安理会的有效运转提出了很大的挑战。人们从一开始就非常清楚，联合国的命运取决于能否让那些超级大国（今天还有其他的那些大国）与之共进退。如今还值得期待的是，加入的国家在逐渐适应这一实践的过程中共同支持这样一种意识，即作为一个国家共同体的成员来行事。对具有干预能力的国家而言，这一角色越是清晰，它们就越需要更多地面对像国家建设（nation-building）那样的建设性任务，即重建被毁的基础设施、解体的国家权威、国家权力和恢复社会及道德源泉。

人们可以从防止暴力、确保和平及强制干预的实践中，甚至是在外部安全的领域中，即对国家主权的经典理解的领域，读出那种没有世界政府的治理模式。联合国既不具有定义并任意扩展其自身司法管辖权的能力，也不具备合法使用暴力的垄断手段。安理会是在去中心化、单个国家对自身暴力垄断的条件下，在非常狭小的政治场域中发挥作用的。但一般而言，为了动员那些对于执行安理会决议来说必不可少的手段，联合国秘书长的权威就足够了。

安理会的制裁权力也延伸到了设立法庭、调查国际上要加以惩戒的犯罪行为（战争罪行、准备侵略战争、种族屠杀和其他的反人类罪）方面。在此期间，也抓捕了政府成员、官员、公职人员和其他协助人员，这些人在任职期间犯下罪行。这也证明了，国际法不再仅仅是国家的法律。

(3) 国际联盟是由一些先锋国家组成的，它们已经拥有了自由主义的宪法。相反，联合国从一开始就意在包容性。虽然所有成员均要对《联合国宪章》的基本条款和人权宣言负有义务，但是从第一天起，像俄罗斯和中国这样拥有否决权的国家就在安理会之中。这个包括193个成员国的组织，今天除了有自由的政权之外，还有威权和甚至独裁、犯罪的政权。其代价是，在联合国宣示的原则和各成员国实际上实行的人权标准之间存在明显的矛盾。这种矛盾损害了有效的规范，并伤害了按照合法程序通过的决议的合法性，例如当利比亚担任人权委员会的主席国。另一方面，包容的成员资格也满足了国际社会的一项要求，即将国家之间的冲突转化为内部冲突。

如果要调解所有冲突，并将之纳入文明的轨道——类似刑事调查、司法和司法判决，就必须毫无例外地将所有国家同等地视为国际社会的参与者与相关方。那种弗朗西斯科·

德·维多利亚[①]和弗朗西斯科·苏阿雷斯[②]以基督教精神为前提的法律上和政治上的"所有民族的统一",在联合国首次获得了体制性表达。《联合国宪章》第53条也相应地规定了联合国权利要优先于其他的国际条约。这种将国际法加以等级化的趋势,也确定了《维也纳公约》[③]第53条中关于条约的权利,即"条约在缔结时与一般国际法强制规律抵触者无效。就适用本公约而言,一般国际法强制规律指国家被国际社会全体接受,并公认为不许损抑且仅有以后具有同等性质之一般国际法规律始得更改之规律"。

对成员国的接纳肇始于1945年开始的去殖民化过程,而且彻底打破了欧洲的国际法框架,终结了西方对其解释的垄断权。虽然在19世纪,欧洲之外的国家,如美国、日本和奥斯曼帝国,也被纳入了国际法主体的圈子。但是只有在联合国的框架中,世界社会的文化与世界观的多元性才改变了国际法概念自身。随着对种族、民族和宗教差异的敏感性增强,联合国大会的成员在多个维度上开始接纳相互的视

[①] Francisco de Victoria, 又作 Vitoria, 15 世纪西班牙哲学家、神学家与法学家,萨拉曼卡学派成员,和阿尔贝里科·贞提利与格劳修斯一起被并称为"国际法之父"。他最早提出建立一个全世界的共和国 (res publica totius orbis)。——译者

[②] Francisco Suarez 提出要区分用于各民族之间的万民法和适用于民族内部的民法 (ius intra gentes)。前者可以视为现代国际法的前身。——译者

[③] 此处指的是《维也纳条约法公约》(*Vienna Convention on the Law of Treaty*),它1969年5月23日签订于维也纳,1980年1月27日生效。中国于1997年9月3日申请加入,1997年10月3日生效。——译者

角。这些维度是康德（以及威尔逊，他在种族问题上在美国绝不是一个进步主义者）所不曾企及的。由此也出现了人权范畴，并达成一致要消除一切形式的种族歧视。随着维也纳人权大会的召开，联合国承认了如下的必要性，即就其自身原则有争议的解释进行跨文化对话。①

6. 冷战的双重面目

二战之后，国际法的演化催生了一些机构，它们几十年以来一直超然于政治实践之外。安理会在朝鲜战争中再一次就军事行动达成一致，尽管仅仅鼓励集体防御的形式。而在冷战中，她也已经无法延续在纽伦堡和东京对战犯进行审判的做法，人们对"胜利者的司法"产生了怀疑。在北约和华约相互核威胁的条件下，法学和政治学、国际法和国际秩序之间的差异失去了其纯粹的分析特征。在两极化的世界，在规范和事实之间出现了鸿沟——事实无法再运用于规范。人权的规范性话语堕落为单纯的修辞，而"现实主义学派"的代表在华盛顿和在莫斯科都对政治产生了影响。

冷战的格局和国际法的无力必定有利于一种理论，该理论从简单人类学前提出发得出了流于表面的结论，即联合国

---

① J. Habermas, "Zur Legitimation durch Menschenrechte", in: ders., *Die postnationale Konstellation*, a.a.O., 170-192.

必将无疾而终。[1]按照汉斯·摩根索（Hans Morgenthau）这位现实主义学派的奠基者的理解，人的本性是要一直攫取权力。[2]国家间关系的客观合规律性也仅仅受到对权力兴趣和对权力积累的支配，这一点是根植于那种不变的本性之中的。在此场域中，法律的条款仅仅是大国之间不稳定的和暂时利益架构的反映。道德上的谴责和辩护起到了歧视对手的作用，但那是毫无成效的，因为它只会加剧冲突。而冲突最好是让理性的、清醒的博弈论思考来驾驭。[3]

另一方面，人权话语和权力计算之间的脱钩，也解释了为什么联合国还在继续制定不受任何事件影响的规范。所有各方都不明了未来世界秩序的状况。"现实主义者"和"理想主义者"都缺乏基础对世界社会的政治宪法进行严肃的思考。前者根本不相信这一点，后者则认为它遥遥无期。保罗·卡恩（Paul W. Kahn）在现实主义的摩根索学派和90年代的法学新自由主义之间建立了某种有趣的联系，他认识到了在战后年代这种歧义性的重要意义。

现实主义者和理想主义者的相互节制，即便双方出于相

---

[1] B. Zangl und Zürn, *Krieg und Frieden*, Frankfurt a. M. 2003, 38–55.

[2] Th. L. Pangle und P. J. Ahrensdorf, *Justice Among Nations*, a.a.O., 218–238.

[3] 摩根索的这一论证追随了卡尔·施米特，参见 M. Koskenniemi, "Carl Schmitt, Hans Morgenthau, and the Image of Law in International Relations", in: M. Byers (Ed.), *The Role of Law in International Politics*, Oxford 2000, 17–34。

反的理由,并且都忽视了澄清新世界秩序的概念,但这种节制对1989年之后的局势产生了影响:"我们可以将冷战说成是一个人权法获得极大发展的时代,但是我们必须同时承认它是一个粗暴侵犯人权的时代。我们是否应该看一下种族屠杀国际公约,或者以种族屠杀行为的爆发来概括这个时代?……抑或,我们应当看一下使用武力的禁令,这是联合国秩序的原则所在;还是应当看一下同一时期的战争中成千上万的死难者?这个时代承诺要用法律限制国家,却通过接受确保相互毁灭的政策而实现国家的神圣化。现实主义者对国际法不屑一顾,理想主义者则将这一切不情愿的事实描绘为那些失势机构的最后一搏。同样,在冷战终结时,西方的胜利不能被简单概括……取得胜利的究竟是我们的理念还是军事—技术优势,是我们的权利观念还是我们的经济实力?当然,两者都是,但这也意味着那种笼罩着二战之后一段时期的歧义性并没有因冷战终结而消解"[1]。

战后阶段的双重意涵,至今仍是一种负担。在最近关于伊拉克战争的冲突中,西方才意识到没有一个共同的视角。90年代的快速经济全球化让新自由主义者以为国家将逐渐消亡。但是,白宫的战争话语和霍布斯主义安全政策的复归,将人们从这种梦想中猛然唤醒。在此期间,一些情况呈

---

[1] P. W. Kahn, "American Hegemony and International Law", in: *Chicago Journal of International Law*, vol. 2, 2000, 1 - 18, 此处13。

现出了未来的世界秩序。除了新自由主义者和康德计划之外，美国保守主义者的霸权愿景出现了明显的裂痕。该愿景也唤起了左翼的反应，即具有文化主义征兆的大空间秩序（Grossraumordnung）理论的复兴。关于这个话题，我将在随后的部分来讨论。这里我首先想大致概括一下当今的局势。

7. 矛盾的 90 年代

在社会体系的竞争最终尘埃落定，对安理会的阻碍也最终被突破之后，联合国将成为世界政治的重要舞台，虽然它迄今仍是"存在舰队"。从伊拉克战争开始，安理会仅仅在1990年到1994年之间就授权了8项有关经济制裁和维持和平的干预行动，还有5项其他军事行动。安理会在波斯尼亚和索马里问题上遭受挫折之后，其行动更加谨慎了；如果不算武器禁运和经济制裁，联合国之后还授权了在刚果民主共和国、阿尔巴尼亚、中非共和国、塞拉利昂、科索沃、东帝汶、刚果和阿富汗的行动。当安理会拒绝批准两次军事干预——北约干预科索沃和美国入侵伊拉克，其政治角色就更加明显了。在前一个案例中，我们有理由为安理会缺乏决断力而感到遗憾。[1]在后一个案例中，安理会通过拒绝一项明

---

[1] 参见原文 35 页。另参见 N. Krisch 的评论："Legality, Morality and the Dilemma of Humanitarian Interverntion after Kosovo", in: *European Journal of International Law*, Vol. 13, I, 322 - 335。

显违反国际法的动议而提高了联合国的声望，而且她也审慎地避免了事后对军事行动结果的承认。这三个事实强调了联合国日益增长的政治分量：

安理会不仅投身于国家之间的冲突，还干预了国家内部的冲突。

——例如，安理会对内战和国家解体（如南斯拉夫、利比亚、安哥拉、布隆迪、阿尔巴尼亚、中非共和国和东帝汶）中的暴力做出了反应；

——或者对大规模的侵犯人权和种族清洗（如在津巴布韦和南非、伊拉克北部、索马里、卢旺达和刚果民主共和国）做出了反应；

——或者贯彻一种民主秩序（如在海地和塞拉利昂）。[①]

此外，安理会还延续了纽伦堡和东京的传统，针对卢旺达和南斯拉夫的屠杀设立了**战犯法庭。**

最后，所谓的"流氓国家"[②]（约翰·罗尔斯使用了中性的"非法国家"）概念标志着一种原教旨主义的意涵不仅渗入了西方主要国家的话语中，而且还将承认国际法的实践活动具体化了。在国际交往中，那些违反联合国安理会和人权标准的国家日益受到鄙视。在世界范围内活动的观察组织，如"人权观察"和"大赦国际"的定期报告，使得这些

---

① J.A. Frowein und N. Krisch, "Chapter VII...", a.a.O., 724ff.
② J. Derrida, *Schurken*, Frankfurt a. M. 2003.

国家失去了合法性。[①]外部的威胁和说服工作以及内部反对派的联合，已经使一些政府（像印度尼西亚、摩洛哥和利比亚）有所让步。

另一方面，对上述进展我们还是要有一定的谨慎保留。联合国所具备的财政资源是很有限的，在不少干预行动中，不愿意合作的政府总是犹豫不决，它们还是一如既往地单独控制军事资源，此外还要依赖于其国民公共领域的赞成。对索马里内战的干预行动失败了，因为美国政府考虑到其民众的负面情绪而撤回了部队。比这样无果而终的干预更糟糕的是被放弃的和迟到的干预，例如在伊拉克库尔德地区、安哥拉、科索沃、尼日利亚、斯里兰卡，还有在阿富汗。如果不考虑这一情况，即像俄罗斯和中国这样具有否决权的安理会成员国能够避免所有对其"内部事务"的干预，非洲大陆因为选择性经验和非对称的人道灾难评估而受伤最深。

驻扎在卢旺达的联合国蓝盔部队指挥官，早在1994年1月初就曾经警告联合国相关部门说即将爆发大屠杀。4月7日大屠杀开始，在随后三个月中，图西族有80万人遇难。联合国对军事干预犹豫不决，但是根据1948年的《防止及惩治种族灭绝罪公约》联合国有义务进行干预。这些案例中

[①] J.A.Frowein, "Konstitutionalisierung ...", a.a.O., 429ff.; B. Zangl und M.Zürn, *Frieden und Krieg.*, a.a.O., 254ff.

可耻的选择性——安理会发现和处理的方式——说明，国家利益始终还是优先于国际社会的全球义务。即便不去考虑尚未充分体制化的经济全球化，西方人尤其应当承担义务，而这些被毫无顾忌地忽视了。西方人不仅要面对殖民历史的长期后果，还要面对失败的去殖民化的间接伤害。[1]

联合国在两个责任范围内，即对国际安全的威胁和大规模侵犯人权，越来越多地遇到两种新型暴力。针对犯罪国家提出的各种挑战，联合国可以在迫不得已的情况下使用国家组织的军事力量，而各国政府在大规模杀伤性武器的地下买卖和非法制造中始终扮演了危险的角色。它们还卷入了种族清洗和恐怖主义袭击。但是由犯罪国家引发的危险，越来越多地让位于去国家化暴力带来的风险。那些"新型战争"通常是一个国家权力解体的结果。该国家权力——不同于传统内战带有的意识形态交锋——不幸地堕落为种族国家主义、部族纷争、国际犯罪和内战的恐怖混合体。[2]

这与那种全球恐怖主义的去地域化是有区别的，后者更难以战胜，今天它主要源于宗教原教旨主义。[3]新的并非恐怖主义的预估，不是其袭击的方式（尽管世贸双塔具有象征力量），而是其特殊的动机，尤其是那种在全球范围内行

---

[1] H. Münkler, *Die neuen Kriege*, Hamburg 2002, 13ff.
[2] H. Münkler, a.a.O.; Zangl und M. Zürn, *Frieden und Krieg*, a.a.O., 172 - 205.
[3] 为了区分产生原教旨主义的不同社会圈子及其各自的动机，参见：M. Riesebrodt, *Die Rückkehr der Religion*, München 2001, 59 - 94。

动、但仅有微弱联系的个人化暴力的流动。2001年9月11日之后,在这些恐怖主义者看来,取得的"成功"需要用诸多因素加以解释。我们不应忽视其中两个:第一,那种不成比例的反应,即恐惧使得一个高度复杂的社会意识到它多么容易受到破坏;第二,高度军备化的超级大国以其国家军事的科技潜力来对抗非国家的网络时,其反应是多么不恰当。恐怖主义预估的目标是一种"成功",它直接相对于可预期的"袭击在军事和外交、内政—法律和社会心理方面的后果"[1]。

联合国虽然在持续进行改革,但其缺点是显而易见的。新型暴力的出现,越来越迫切地要求国际社会具备解决冲突和建构秩序的能力。它们对于从消解国家向后国家架构过渡而言,是最紧迫的症状。而这些趋势——今天在"全球化"一词下获得了极大关注——和康德的世界公民秩序的计划并不是背道而驰的。它们正在趋近该计划。全球化为世界公民状态提供了一个嵌入语境,该语境使得反对世界社会的政治宪法的阻力从第一眼看上去就不再那么无法克服。

8. 改革议程

对于联合国核心领域的改革议程的争议并非很大。毫无

---

[1] P. Waldmann, *Terrorismus und Bürgerkrieg*, München 2003, 35.

新意的是，这些议程来自对现有机构成败得失的权衡：

——鉴于安理会广泛的权限，安理会的组成和在此期间发生变化的地缘政治格局的通过决议的模式，必须与下述目的相适应，即要加强委员会的行动能力，适当地代表各大国和世界各地区，此外还要考虑到与联合国绑定的超级大国的正当利益。

——安理会必须在选择其议程以及在进行决议时，能够独立于国家利益。它必须受到普遍接受的法律秩序的约束，并决定联合国在何时有义务进行正当的干预。[①]

——行政权因为财政资源不足[②]和成员国动用其资源的有限方式而受到影响。行政权必须在单个国家的去中心化的暴力垄断基础上得以加强，这样它才能保证有效地执行安理会决议。

——国际刑事法庭对国际法庭是一种补充，但它还缺乏广泛的承认。其裁决实践将有利于严格确定罪行，并将之纳入法典。至今为止，战争法还没有发展为一种干预权，该干预权类似于国家之内的警察权利，它要保护那些受

---

① 比较 2001 年 12 月干预与国家主权委员会（commision on intervention and state sovereignty）向安理会提出的建议。该建议将重点从"干预权"转换为"保护民众的责任"。

② 根据 E. Kwakwa 的说法，联合国的预算大致相当于纽约市一年预算的 4%： "The International community, international law and the United States", in: M. Byers und G. Nolte (eds.) *United States Hegemony and the Foundation of International Law*, Cambridge 2003, 39。

分裂的西方

到联合国措施和干预庇护的民众。(在此意义上,军事科技的发展将推动从战争向警察措施的转变这种所谓的精确制导武器的发展。)

——安理会和联合国大会的立法决定,需要在一个获得良好教育的世界公共领域基础上,获得一种更强大的、即便是间接有效的合法化。在其他选择之外,非政府组织(在联合国机构中拥有旁听权并在国家议会中拥有汇报权)的持续在场也具有重要作用。

——只有当那种弱合法化局限于维护那些明确的权利,例如避免侵略战争、国际暴行和大规模的侵犯人权时,才足以采取联合国行动。

我们可以认定,这些基本权利在世界范围内是合法的,而且那些贯彻权利的法庭是根据被承认为合法的规则得以实现的。在这双重意义上,一种以政治方式组织起来、但是去国家化的国际社会的超国家行事方法,要依赖于那些长久以来已经在民主宪法国家中得到维护的法律原则。在超国家层面上,以政治方式建构起来的任务,由于更大的决定空间而需更高的合法化要求,也需要一种更为牢固的公民的体制化参与,它的位置居于贯彻权利之后。联合国大家庭中有超过60个的特别组织和下属机构——其中不少我们还没有涉及——就致力于这些政治任务。

当然,其中一些组织,例如国际原子能机构,当它检查大规模杀伤性武器的生产时，是作为安理会的执行机构开展工作的。另一些组织，例如成立于 19 世纪的万国邮政联盟（Weltpostverein）和国际电信联盟（internationale Fernmeldeunion）在技术领域中发挥了协调功能。但是，像世界银行、国际货币基金组织，尤其是世贸组织这样的机构，肩负着世界经济的重大决策使命，即对政治决策负有责任。要理解这些围绕联合的松散联系的国际组织的总体，关键在于改变正处在全球化过程中的世界社会。

我们必须关注这一进程，如果要回答如下问题的话，即为什么诸国家要进入超国家的网络并纳入超国家的共同体之中，还有为什么希望陷入停顿的联合国改革有朝一日能得以继续。因为经济和社会的全球化具备了那种嵌入环境，就像康德在其时代对世界公民状态的理念已经探讨过的那样，产生一种后民族格局。我们用"全球化"来指称这样一种进程，即贸易和生产、商品和金融市场、时尚、媒体和程序、新闻和交往网络、交通和移民、科技、环境灾害和流行病风险、有组织犯罪和恐怖主义在全球范围内的扩展。此外，民族国家在逐渐相互依赖的世界社会的独立性中陷入了困局，其功能的特殊化已经轻而易举地超出了地域界限。

9. 后民族格局

这个体系化操控的进程改变了主权国家事实独立的

社会前提。[1]今天,民族国家无法再专断地确保其自身的疆域、其民众的生活状况及社会的物质条件。在空间、社会和事务方面,民族国家受到一些决定的外部效应的影响,这些决定也会对其他未参与决定进程的方面产生作用。因此,国家是无法摆脱那些在文化上越来越相互依赖的世界社会中产生的规则、协调和建构需求的。在世界政治舞台上,国家也一如既往是最重要的、最终的决定性行动者。各个国家虽然要与非国家方式的全球参与者——比如多国合作组织和非政府组织,他们以财力或影响力为媒介执行其政策——共用这一舞台。但是,只有国家具备了操控资源的权利和合法权力。即便当非政府的行动者首先在私人立法的道路上满足了跨越边界的功能体系的规则需求(例如将市场和国际律师事务所联系起来),[2]如果这些规则不是由民族国家或者超国家,而是由以政治方式组织起来的共同体的机构来贯彻的话,它们就不是"法律"。

民族国家一方面失去了能力(例如对那些设在本土但在国际上运作的企业的税收控制);另一方面也获得了一种新

---

[1] U. Beck, *Macht und Gegenmacht im globalen Zeitalter*, Frankfurt a. M. 2002; D. Held, A. McGrew(Eds.) *Governing Globalization*, Cambridge, UK, 2002.

[2] K. Günther, "Rechtspluralismus und universaler Code der Legalität: Globalisierung als rechtstheoretisches Problem", in: L. Wingert und K. Günther, *Die Öffentlichkeit der Vernunft* ..., a. a. O., 539 - 567ö K. Günther und Sh. Randeria, "Recht, Kultur und Gesellschaft im Prozess der Globalisierung", in: *Schriftenreihe der Werner Reimers Stiftung* Nr.4. Bad Homburg 2001.

的政治影响的方式。[1]民族国家越是快速地学习在"超越政府的治理"(Regieren jenseits von Regierungen)的新渠道中体现其国家利益，他们就越是能够以权力的"软"形式来替代外交施压和军事暴力威慑的传统形式。这种国际关系形式变化的最好标志，就是内政和外交边界的融合。

通过这种方式，后民族架构趋向了进步的国际法的宪法化。在一个日益复杂的世界社会中，那种不断增长的独立的日常经验，不知不觉地改变了民族国家及其公民的自我感受。那些最初独立抉择的行动者学会了新角色。它既是跨国家网络的参与者——这些网络因为合作的技术压力而形成，又是国际组织中的成员——这些国际组织通过规范性预期和妥协压力来承担责任。我们也不能低估了国际话语具有改变意识的影响力。这些国际话语通过建构性的权利关系产生，而通过参与关于运用新法律的争议，各种获得了官员和公民口头承认的规范将逐渐内化。这样民族国家也将学习将自己同时理解为一个更大的政治共同体的成员。[2]

我们在欧洲统一进程中观察到，当民族国家要结合实现

---

[1] M. Zürn, "Politk in der postnationalen Konstelllation", in: Chr. Landfried (Hg.), *Politk in der entgrenzten Welt*, Köln 2001, 181–204; ders., "Zu den Merkmalen postnationaler Politik", in: M. Jachtenfuchs und M. Knodt (Hg.), *Regieren in internationalen Institutionen*, a.a.O., 215–234.

[2] 关于这一国际关系转型的社会建构式理解，参见：A. Wendt, *Social Theory of International Politics*, Cambridge 1999。

大陆性统治时，这种灵活性会遇到既有团结形式承载力的极限。只要它成为具有国际行动能力的行动者，它自身就必须获得国家的特征。在这样一个大空间共同体中，如果不想让民主的公民参与的合法化链条出现断裂，国民团结就必须扩展到其成员国的民族边界之外。[①]正如在现代社会中一样，团结（即便以国民团结之抽象的、以法律建构起来的形式）在任何地方都是稀缺资源。更为重要的是，欧洲政治统一的达成，这一实验对其他世界区域而言具有示范功能。在亚洲、拉美、非洲和阿拉伯世界，出现了形成大空间政治共同体的萌芽。如果这些板块没有同时出现更为具体的民主的形式，那么就没有可以在跨国家层面上进行政治协商并在世界范围内予以贯彻的集体行动者。

在中间层面上，各国际组织只要完成其协调功能，这方面工作差强人意。但是，各国际组织在形成能源和环保政策方面，尤其在金融和经济政策方面也是失败的，这或许是因为缺少政治意愿，或许是因为西方霸权的法律只想获得自身的利益。大卫·赫尔德不仅指出，世界范围内生存机会分布的不平等——有12亿人每天维持生计的费用不足1美元，46%的世界人口每天维持生计的费用少于2美元，而20%的人消费了超过80%的全球收入。而其他所有的"人类发展"

---

① 关于这一问题，在法国引发了民族国家主义者和欧盟主义者之间的辩论。参见：P. Savidan (Ed.), *La Republique ou L'Europe?*, Paris 2004。

指标也体现了类似的差距:"自由贸易对进步主义者而言在原则上是值得赞扬的目标,但是如果不顾及最贫困国家中的那些最贫困的人,自由贸易是不值得追求的。这些人在外部市场整合的开始阶段是极度脆弱的……这将意味着,发展政策必须保证全球市场整合的顺序,尤其是资本市场、对医疗保障的长期投资、人力资源和基础设施,还有发展透明、可靠的政治机构。但是令人震惊的是,人们通常并不执行如此广泛的政策"[①]。

全球化社会所产生的问题压力将会加剧对与日俱增的管制需求,以及在跨国家层面上(在民族国家和联合国之间)一个公平的世界内政的缺失的敏感性。对能够掌控这样一种世界内政的协商系统而言,首先缺少的是行动者和程序。以政治方式组织起来的世界社会,只有采取多层体系的方式才是现实的,如果缺少了中间层就是不完整的。

---

① D. Held, Global Covenant, *The Social Democratic Alternative to the Washington Consensus*, Cambridge 2004, 58.

第三节　一种新世界秩序的替代性愿景

1. 9·11之后美国国际法政策的反转？

美国并不需要发展世界政治的行动能力。这个超级大国可以逃避国际法的义务，而不必惧怕敏感制裁。另一方面，如果没有美国的支持和领导，世界公民秩序的计划注定是要失败的。美国必须决定服从国际游戏规则，或者对国际法置之不理并视之为工具，以便自行其是。布什政府决心和像中国、伊拉克、也门、卡塔尔和利比亚这样的国家一起拒绝承认国际刑事法庭，并一意孤行地入侵伊拉克，同时尝试贬低联合国的影响和声誉。这样看来，似乎美国的国际法政策出现了一个反转。之所以说"反转"，是因为与美国政府在1990年代的路线是截然相反的。

二战之后的几年，美国的国际法政策也不是国际主义的线性发展。就像1945年以后一样，美国在冷战结束后表现出一种值得注意的国际法积极主义（activism）。此外，美国有着两面性的议事日程。一方面，积极致力将贸易关系和金融市场自由化，支持将关贸总协定升级为世贸组织并支持保护知识产权。如果没有美国的倡议，在其他一些领域中的重要创举是不会出现的。例如关于地雷和化学武器的协议、《不扩散核武器条约》的扩展，乃至《国际刑事法院罗马规约》。[1]另一方面，美国政府要么没有批准，要么从一开始就拒签了不少条约，尤其是在武器控制、人权、调查国际犯罪和环境保护领域。(还有地雷协议、销毁核武器的条约、个人在人权委员会上的申诉、海洋法和物种保护条约，还有生物武器协议的流产，单方面退出《限制反弹道导弹系统条约》、《京都议定书》和国际商会[ICC]。)在联合国大会通过的多边条约中，美国批准的比例要远远低于其他的G7国家。[2]

这些例子看上去与那些不遵守国际法规范的帝国权力的经典行为模式如出一辙，因为那些规范会限制其行动的空间。[3]即便那些人道主义干预和由安理会授权或（在北约的科索沃行动中那样）至少事后被合法化的暴力使用，也不能用来支持和加强联合国。美国将国际法的多边主义作为工具，以实现其自身的利益。从该超级大国的视角来看，这一

---

[1] Rome Statute of the International Criminal Court。联合国大会1998年6月在罗马召开了为期5周的外交大会，旨在最终拟定并通过一个有关建立国际刑事法院的公约。1998年7月17日该条约获得通过，2002年7月1日生效。但国际刑事法院只能起诉在该生效日之后发生的罪行。2002年，美国取消了对罗马规约的签署。——译者

[2] J. Hippler und J. Schade, US-Unilateralismus als Problem von internationaler Politik und Global Governance, in: *INEF*, Universität Duisburg, Heft 70, 2003. 比较第六部分"承诺"中的论文：M. Byers und G. Nolte, *United States Hegemony ...*, a.a.O., 427 - 514。

[3] 参见 N. Krisch 的手稿，上文原注48。

分裂的西方 | 205

发展获得了一种充满歧义的意涵。[①]从一方面来看被认为是国际法宪法化的进步的东西,从另一方面来看则是在实践一种帝国权力。

一些人甚至将1945年之后无可争辩的美国国际主义的国际法政策,理解为将其国家法律秩序拓展到全球的霸权努力,即用国内法来替代国际法,认为"美国为世界的其他地方而发展国际主义和多边主义,并不是为其自己"[②]。这样看来,罗斯福和威尔逊的具有国际主义色彩的政策——要依赖于海外的盟友,避免"美国优先"(America First)式的孤立主义,因此已经卷入了其欧洲盟友的权力政治之中——接近于小布什的单边主义。布什似乎同时继承了两个传统——美国使命的理想主义和杰斐逊的现实主义,后者警告过会出现"纠缠不清的盟友"(entangling alliances)。布什以新自由世界精神的名义,单边地实现了国家空间秩序和安全利益,因为他将这种秩序视为美国价值在世界范围内的扩展。当这种精神的全球化首次替代国际社会的法律时,那被称为国际法的一切实际上已经成为了帝国法。

[①] B. R. Roth, "Bending the law, breaking it, or developing it. The United States and the humanitarian use of force in the post-Cold War era", in: M. Byers und G. Nolte, *United States Hegemony* ..., a.a.o., 232 - 263.

[②] J. Rubenfeld, "Two World Orders", in: Prospect, January 2004, 32 - 37; 较短的版本见 J. Rubenfeld, "Unilateralism and Constitutionalism", in: G. Nolte (Ed.), *America and European Constitutionalism*, Part IV, 即将出版。

1989、1990年以来，对美国国际法政策的批判性解读建立在上述证据之上，但另一方面，这并不能用来为匆忙建立的错误的连续性辩护。世界社会充满了不平等、文化差异和不同步，但又因为系统性的压力而日益融合。这一世界中的权力分布是高度不对称的，其本身充满了歧义。如果能从超级大国的政治决定中看出明白无误的意图来，那才是值得注意的。让我们假设一种反事实[的情况]，即超级大国将自身理解为国际法宪法化的先驱，进而推进联合国改革，将建立一个以政治方式组织起来的世界社会这一目标与其自身的利益协调起来，并愿意遵从既有的程序。即便是在这种理想状况下，也不能立刻从以霸权来推动的国际关系的法律化的单个步骤中，看出其背后是否还在保卫权力的非对称性。即便霸权法也还是法律。当然，那些目睹了困难实验的良好结果的历史学家，可能会赞扬这种友好且具有远见的霸权（Hegemon）。那些经历了这一过程但缺乏先见之明的人，则会将这段历史看作充满歧义的混合——一方面是宪法化，另一方面是国际法的工具化。但这些人也会看出从一方向另一方的转向。

谁要是将布什政府的单边主义列入帝国主义行为的前史，就低估了那种政策转变的重大意义。2002年9月，美国总统发布了新的安全学说，他保留了进行预防性打击的权利，该权利是由他自行定义并全权使用的。在2003年1月

分裂的西方 | 207

28日的国情咨文中，他指出必要时可以不理会《联合国宪章》中禁止暴力的内容。（"这个国家的方向不取决于其他国家的决定。"）而当时，安理会还没有批准针对伊拉克的军事行动。将上述两个事件放在一起，可以看出一种前所未有的断裂——美国政府至今从未质疑过该法律传统。这是对一项人类伟大的文明成就的蔑视。从这个总统的言行只能得出如下的结论，即他想用一种具有美国精神的普遍主义诉求来代替普遍主义法律程序的文明力量。

2. 霸权自由主义的弱点

现在，我想回到最开始的问题：考虑到现今的多种挑战，是否可以因为联合国的暂时行动能力和低效而要放弃康德的计划？冷战结束之后，出现了一种单极的世界秩序，超级大国在军事、经济和技术方面都获得了无可匹敌的优势。但这是一个与规范无关的事实。"美国治下的和平"主要基于权力而非法律，这样一种临时决定有利于其设计者，但对一种规范的判断提出了挑战。幸运的是，这个超级大国同时又是最古老的民主国家。这可以激发完全不同于霸权单边主义的设想，而致力于在世界范围内推进民主和人权。尽管在目标上存在抽象的一致，但这一愿景与康德式的世界公民秩序的计划存在两方面的不同：一是通往这一目标的路径，一是实现目标的具体内涵。

就路径而言，以伦理方式建构起来的单边主义不再和国际法程序绑定。就新世界秩序的具体内涵而言，霸权自由主义的目标不再是符合法律的、以政治方式建立起来的世界社会，而是一种不依赖于形式的自由国家的国际秩序。这些一方面会在超级大国的庇护下出现，另一方面则嵌入了去国家化的世界社会的语境之中，而后者要服从完全自由化的世界市场的要求。按照这种设计，和平不是通过法律，而是通过权力来确保的。世界社会不是通过世界公民的政治结社，而是通过系统关系，最终通过市场而整合起来的。经验和规范性理据都不支持这一愿景。

国家间战争的经典手段，以及一个单边行事的超级大国的军事优势，显然都不能有效地对抗国际恐怖主义的威胁。只有将情报机关、警察和刑事侦查有效地联网，才能打击对手的流动。而也只有把社会现代化和文化间自我批判式的理解结合起来，才能触及恐怖主义的根源。这些手段都可供国际社会使用——该国际社会在水平面上进行法律化并合作，而不是任由超级大国采取霸权的单边主义——后者对国际法置之不顾。这种单极世界的图景适合于政治权力的不均等分布，它隐匿了一种情况，即在经济上去中心化的世界社会不可能再由一个中心来统治。文化和世界宗教之间的冲突不能仅通过军事手段来控制，世界市场的危机也不能仅通过政治手段来控制。

从规范性理据来看，一种霸权的自由主义也不值得推荐。即便我们从最好的情况出发，以为领导该霸权的是具有最高尚的动机的、最智慧的政治家，但是"善意的霸权"也会遇到不可克服的认知困难。一个政府在其领导下，必须要对首选的自我防卫和人道主义干预或者国际法庭的建立做出决定，可能还会小心行事。但在不可避免的善恶权衡中，它不可能确保区分其国家的利益和那种可普遍化的利益。这种无能为力是实际话语（praktische Diskurse）的逻辑问题，而非善良意愿的问题。任何一方若要假定某种预期从理性来看，对所有相关方都是可接受的，它只能以如下方式进行检验，即要使被推定为不带偏见的建议接受一种意见和意愿形成的话语程序的检验。

"话语"程序使得平等的决定独立于上述的论证。（这样，只有那些得到辩护的决定才会被接受。）此外，它们还是包容性的。（这样，所有相关方都可以参与。）它要求参与方相互交换视角。（这样可以对所有相关的利益进行公平的权衡。）这就是中立决定程序的认知的意义。以此来衡量的话，一种单边主义做法的伦理理据——其使命是各自政治文化的所谓普遍价值，在本质上是有所欠缺的。[1]

这种欠缺不能通过民主宪法的优点，在霸权力量内部进

---

[1] J. Habermas, "Replik auf Beiträge zu einem Symposiom der Cardozo Law School", in: ders., *Die Einbeziehung des Anderen*, .a.a.O., 309-398.

行补偿。因为公民和其政府面对一样的问题。一种政治共同体的公民无法预料到，另一些政治共同体的公民出于其本地视角，在其文化环境中如何解释和运用普遍价值和原则之结果。换言之，另一条件——即超级大国具有民主宪法，就至关重要了。如果普遍主义诉求无法代替特定利益的特殊本质的话，自由共同体的公民早晚会认识到认知差异的。

3. 新自由主义和后马克思主义的方案

当然，霸权自由主义并非康德计划的唯一替代方案。最后，我将来讨论三种今天获得不少支持的方案：

——上文提到过的那种去国家化的世界市场社会的新自由主义方案；

——后马克思主义的那种没有中心的分散帝国；

——以及大空间秩序的反康德计划，它主张生活方式不可兼容，并以两极化方式相互对抗。

世界市场社会的新自由主义方案预言国家和政治将边缘化。政治充其量会保留那种守夜人国家的功能，[1]而那种去国家化的国际权利将转化为世界范围的私法秩序，后者会对全球化的市场活动进行体制化。自行其是的法律的统治将不再需要国家认可，因为世界市场的协调能力对一种世界社会

---

[1] J. M. Guehenno, *Das Ende der Demokratie*, München und Zürich 1994.

的前国家整合而言已经足够。被边缘化的国家将会萎缩成众多功能系统中的一个,因为社会公民(Gesellschaftsbürger)的分离和去政治化,使得结社和国民身份建构的可能成为多余。全球的人权政体将局限于公民的消极自由,公民将在世界市场获得"直接的"地位。[1]

这一愿景在1990年代还颇为时尚。但霍布斯式安全统治的回归和以政治方式结合起来的宗教的破坏力,已经超越了这一愿景。非政治的世界市场社会之图景已不再适应世界舞台,当国际恐怖主义已然登上这一世界舞台,宗教原教旨主义复活了被遗忘的政治范畴,而且"邪恶轴心"将对手变成了敌人。新自由主义的美丽新世界不仅受到了经验的挑战,而且在规范意义上,它从一开始就是非常虚弱的。它剥夺了个人的国民自主性,并弃之于一种不可控制的复杂事件的偶然性中。私法主体的主观自由,操纵着像傀儡一般的自主社会的公民。

后马克思主义的没有中心的帝国权力之场景,通过批判全球化的方式揭示了新自由主义计划的不足。由此,它告别了国家权力政策的经典图景,但并没有告别与之相对的那种

---

[1] Kahn, "American Hegemony ...", a.a.O., 5;"当国际法从国家关系的学说扩展为个人权利的统治,它对传统的、民族国家的政治自我观念提出了直接的挑战。人权法想象出了一个去政治化个人的世界,例如个人的身份和权利先于其政治认同。与此相似,商业的国际法想象出了单个的国际市场秩序。在该秩序中,政治分野是无足轻重的。在权利和商业的领域中,国家被化为手段,而非目的。"

私法社会的全球和平图景。这样,去国家化的私法关系成了一种匿名权力机制的意识形态表达。该权力机制将在无政府的世界社会中进一步撕裂暗中掠夺的中心,以及被榨干血汗的边缘。全球的动力脱离了国家之间的互动,并获得系统的独立性,但它不能独自绕过经济。①自我利用的资本在经济驱动力上出现了一种不确定的表达性权力,它同时贯穿了经济基础和上层建筑,并体现在文化、经济与军事力量中。②权力的去中心化在分散化抵抗的地方特征中获得共鸣。

这一尚未完全概念化的计划依赖于如下事实,即作为全球化进程的结果,国家权力发生了去分化(Entdifferenzierung)。伴随世界社会的媒体日益密集地联网,经济上越来越相互整合,全球化进程进一步扩大了社会差异,加深了文化的碎片化。这种充满推测的观点——正如我们估计其社会科学的收益一样——并不能对诊断国际法的未来提供多少帮助,因为它已经在基本概

---

① M. Hardt und A. Negri, *Empire*, Harvard 2002.
② M. Koskenniemi, Comments in Chapter 1 und 2, in: M. Byers und G. Nolte, *United States Hegemony* ... a.a.O., 98:"与其为少数非政府的决策者留出空间,我受到了哈特(Hardt)和内格里(Negri)的一个更大愿景的吸引,世界正在转型为他们(借用自米歇尔·福柯)所谓的'生命政治帝国'(biopolitical empire)。这个帝国没有首都,不是从任何地方来进行统治的,但又对华盛顿和卡拉奇具有同样的约束力,即我们所有的人。在此图景中,没有源自国家的利益,而只有利益位置(interest-position),它是受非人格的、全球有效的经济和文化逻辑的支配的。"

念的层面上拒绝为法律媒介（Rechtsmedium）的规范性动力提供一席之地。[①]但是，一种彻底去形式化的法律概念并不能阐明国际法历史的独有辩证法。我们必须让那种有关人权和民主的平等——个人主义的普遍主义获得一种"逻辑"，它要与权力的动力发生关系。

因为卡尔·施米特终其一生在与康德计划的那种普遍主义前提进行斗争，他对国际法的批评重新激起了一些人的兴趣，这些人要么出于语境方面的原因而否认正义优先于善，要么出于理性批判的原因而怀疑所有普遍主义话语都是特殊利益的掩饰。在这样一种道德非认知主义的基础上，施米特的诊断提供了对当下趋势（例如政治的去国家化和文化大空间的建构）的一种解释。

4. 康德还是卡尔·施米特

作为国际法学家，卡尔·施米特主要提出了两个论证。第一个论证针对"歧视性的战争概念"和国际关系的广泛法律化，而他想用另一个论证，即用帝国统治的大空间来替代国家，以避免那种古典国际法优先于欧洲国家体系之决议的看法。

施米特为战争的国际法之合法性进行辩护，他一方面对

[①] M. Koskenniemie (The Gentle ..., a.a.O.494ff.) 使用了"形式主义文化"的谨慎表述，对法律的内在规范性的角色进行了阐释。

国际联盟和《白里安—凯洛格公约》做出回应，另一方面也对凡尔赛和会上提出的战争罪责问题进行了回应。因为只有当国际法对战争有所偏见，才会让一个开战的政府负有"罪责"。施米特用以下的论证来为古典国际法的"无罪责假设"辩护——对手的道德评价会毒化国家关系并加剧战争。他认为，"正义和非正义战争之间的差异越来越大，导致了敌人和朋友之间的'全面'差异，威尔逊式国际联盟政策的普遍主义和平理念要为此负责"[1]。

因为任何关于正义的概念在国际上都是有争议的，所以不可能有民族之间的正义。该假设的前提是，在国际关系中的规范性辩护仅仅是各自利益的借口。通过对对手进行不公平的贬低，道德化的一方在寻求自己的优势。它否认对手是值得尊重的敌人——正义的敌人（justus hostis），它在同等的各方之间制造了一种不对称性。更糟糕的是，至今为止，战争被视为中性，而对它的道德化会激化矛盾，也会使得在法律上以文明方式进行的战争"变质"。二战之后，施米特在纽伦堡法庭上为弗里德里希·弗里克进行辩护的一份文件中，再次概述了这一论证。[2] 显然，全面战争的"暴虐"并

---

[1] C. Schmitt, *Die Wendung zum diskriminierenden Kriegsbegriff*, Berlin 1988 (1938), 50.

[2] C. Schmitt, *Das internationalrechtliche Verbrechen des Angriffskrieges* (hg. von H. Quaritsch); Berlin 1994.

没有影响他对国际法主体无罪责的信仰。[①]

一旦将对战争的谴责理解为国际关系"法律化"的一个步骤,对战争"道德化"的指责就落空了。因为该意图的后果是,用合法与非法战争的程序法差异,来替代正义与非正义战争的实质、自然法或宗教的差异。这样,合法战争就获得了世界警察式举措的意义。在建立了国际刑事法庭并对相应的罪行进行法典化之后,实定法也将扩展到国际层面,依据刑事诉讼程序,它也将保护被告免于道德偏见。[②]安理会没有证据证明伊拉克拥有大规模杀伤性武器以及是否要继续核查,这方面的争论让我们看到,程序在战争与和平的问题中具有怎样的功能。

按照施米特的看法,法律的和平主义将不可避免地导致暴力失控,因为他假定,对战争暴力进行法律内政化的任何尝试,都会因为正义观念的不可通约性而失败。相互竞争的国家或民族不可能就正义概念达成一致,也不会就民主和人权的自由主义概念达成一致。对此论题,他有责任给出哲学的论证。[③]相反,施米特的非认知主义建立在一种存在主义

---

① C. Schmitt, *Das internationalrechtliche Verbrechen des Angriffskrieges*, a. a. O., 16.
② K. Günther, "Kampf gegen das Böse?" in: *Kritishe Justiz* 27, 1994, 135 - 157.
③ 因此我不能将伦理学中认知主义的问题作为自身的基础,比较: J. Habermas, *Erläuterungen zur Diskursethik*, Frankfurt a. M. 1991。

的"政治性概念"(Begriff des Politischen)之上。[1]他坚信，易受刺激的、尚武的民族其集体认同是彼此对立的，它们之间的对抗是不可化解的。在这一维度中，政治首先是由民族国家，其次是由民众—民族决定的。最终，仅有模糊的生存哲学，但始终充满了暴力幻象的自我主张概念。在某种程度上构成了政治暴力法律化之康德观念的对立面。在康德法学学说的普遍主义中，施米特要与支配合理化的功能进行斗争，后者要在民族国家之中和之外接管宪法。

对施米特而言，一个国家行政机关的官僚体系权力之核心，是无法穿透的和非理性的，这里才是政治的地盘。法制国家的内政化必须在该核心面前止步，否则国家的本质（纯粹的自我保存）会因为内部和外部的敌人而受到伤害。[2]施米特仅仅从"法律背后的国家"这一理念中继承了德意志帝国的反议会式的国家意志实定主义（Staatswillenpositivismus），它通过施米特的学生在联邦德国的国家法学说中发挥影响。但是，施米特本人早在1930年代就已经将其（极具表达力的）政治概念与国家分离了。

---

[1] R. Mehring (Hg.), *Ein kooperativer Kommentar zur Carl Schmitt "Der Begriff des Politischen"*, Berlin 2003.
[2] Chr. Schönberger, "Die Begriff des Staates im Begriff des Politischen", in: R. Mehring, *Ein kooperativer Kommentar ...*, a.a.O., 21；还参见 H. Brunkhorst, "Der lange Schatten des Staatswillenspositivismus", in: *Leviathan*, 31. Jg., H.3, 2003, 360 - 363。

分裂的西方

首先,他将之转移到被动员的"民众"那里,即转移到处于法西斯主义运动中的民族那里,随后转移到了战斗的游击队、内战政党和解放运动等那里。今天,他可能会将之运用于那些进行自杀式袭击的狂热恐怖主义团体身上。"施米特对政治进行了同情的辩护——政治是人类联系的世界,它要求其成员随时准备好死亡,它最终是对一个缺乏超越性和存在论的世界的道德原则的批评,也是对永恒竞争和永恒讨论以及一种反宗教的此世能动论的群体信仰的批评。"[1]

早在1938年,施米特就在其《论偏见性的战争概念》(*Zum diskriminierenden Kriegsbegriff*)第二版中,试图同其对国际法暴力禁令批判的一种保守解读保持距离。因为他在此期间接受了向"全面"战争转向的思想,他还抱怨全面战争是摧毁人道的结果。他指责那种好战国家的古典国际法是反动的:"我们的批评并不是针对基本新秩序的思想"[2]。在战争期间,1941年,施米特看到德意志帝国向东欧的扩张,便发展出了一套国际法观念,一套前瞻性的、真正的法西斯主义的观念,[3]但在战后很快就被去纳粹化了。[4]第二个论证接受了政治的去国家化理念,并提出了与大空间秩序相反的

---

[1] Chr. Schänberger in: R. Mehring, *Ein kooperativer Kommentar* ..., a.a.O., 41.
[2] C. Schmitt, *Die Wendung* ..., a.a.O., 53.
[3] C. Schmitt, *Völkerrechtliche Großraumordnung*, Berlin 1991 (1941).
[4] C. Schmitt, *Der Nomos der Erde im Völkerrecht des Jus Publicum Europäum*, Berlin 1997 (1950).

计划——大空间秩序要再次给危险的错综复杂的政治能量以一种威权形式。

施米特选择了（以恰当方式解读的）1823年的门罗主义作为建构国际法的范本，即将世界按照地域划分为几个"大空间"，以防止"外来势力"的干预——"最初的门罗学说具有如下的政治意义：通过排除外来势力的干预来保卫一种新的政治理念，反对当时情势下各种势力的合法性"[①]。国际法确定的分界线区分了"管辖空间"(Hoheitsraum)，它并不是领土的概念，而是处于帝国势力统治（Vorherrschaft）之下及其政治理念辐射下的"影响领域"(Einflusssphäre)。各个"帝国"是按照等级划分的。在其疆域中，独立的民族和民众群体服从于一个"与生俱来的"领导力量的权威，该力量是通过历史成就获得其优势地位的。一个国际法主体的等级并不是自然获得的，"并非所有的民族都能够通过考验，即建立一套好的现代国家机构。很少有民族能够从一场现代物质战争中发展出自身的组织、工业和技术能力"[②]。

国际法的大空间秩序将"不干预原则"转移到了各大势力的影响领域中，而各大势力彼此主张其文化和生活方式，并在必要时运用军事暴力。"政治"的概念在帝国势力的自

[①] C. Schmitt, *Völkerrechtliche Großraumordnung*, a.a.O., 34.

[②] C.Schmitt, *Völkerrechtliche Großraumordnung*, a.a.O., 59.

我主张和辐射力中得以保留。大空间的认同受到了其理念、价值和民族生活方式的影响。正义观念一如既往是不可通约的。新的国际法秩序（和古典国际法秩序一样）不会在"任何一种内容上的正义思想或国际权利意识"中得到保障，其保障要依靠"大国的均势"。[1]

这种国际法大空间计划最初是为"第三帝国"设计的，我之所以要讨论它，是因为它可能将赢得后果严重的时代精神诉求。这一计划是与政治的去国家化趋势相关联的，而没有像新自由主义和后马克思主义所设计的那样，缩小政治共同体和具有行动能力的政府的实际作用。它预期能建构起各大陆的统治，它们在康德的计划中也有重要的位置。但是这一方案让大空间具有如下的涵义，即以"文明冲突论"为基础。这一方案有一种极具活力和表达力的权力概念，且已进入后现代理论。它还与一种广为传播的怀疑相互应和，即通过对人权和民主的普遍赞同的解释无法达成文化间的理解。

基于这种怀疑——近来的文化争端已经提供了某些经验的依据，但还缺乏好的哲学理据——我提出了一种现代化了的大空间理论，而不是一种霸权自由主义的单极世界秩序，后者也是不大可能的。在施米特那里，出于对西方现代

---

[1] C.Schmitt, *Völkerrechtliche Großraumordnung*, a.a.O., 56

性的怨恨，他对自我意识、自我决定和自我实现理念的后果完全视而不见，但它们仍将一如既往地决定现代性规范的自我认识。

说　明

第一章　发表于 *Blätter für deutsche und internationale Politik*，Februar 2002，165—178。

第二章　发表于《法兰克福汇报》2003 年 4 月 17 日，第 33 版。

第三章　发表于《法兰克福汇报》2003 年 5 月 31 日，第 33 版及以后。

第四章　发表于 *Blätter für deutsche und internationale Politik*，Juli 2003，801—806。

第五章　发表于 *Gazeta Wyborcza*，2004 年 1 月 17 日。

第六章　此文本由在马德里、巴塞罗那和维也纳的演讲组成。

第七章　发表于 *Blätter für deutsche und internationale Politik*，Januar 2004，27—45。

第八章　未发表。

名称/人名对照

30-jähriger Krieg 三十年战争

A

ABC-Waffen 核生化武器

Abwendbarkeit 可避免性

Achsenzeit 轴心时代

Adenauer 阿登纳

Aktivismus 能动主义

Al-Qaida 基地组织

Allgemeinheit 普遍性

Amnesty International 大赦国际

Antiamerikanismus 反美主义

Antisemitismus 反犹主义

Antizionismus 反犹太复国主义

Atatürk 凯末尔

Arendt, Hannah 汉娜·阿伦特

Auschwitz 奥斯维辛

Aznar 阿斯纳尔

B

Bartoszewski, Wladyslaw 瓦德斯瓦夫·巴托赛夫斯基

Befehlsgewalt 命令权力

Begriffsschema 概念图形

Berlusconi 贝卢斯科尼

Bewusstseinsformation 意识形成

Blair 布莱尔

Bin Laden 本·拉登

Bildungsprozess 教化过程

Borradori, Giovanna 乔瓦尼·波拉多利

Brecht 布莱希特

Briand-Kellog-Pakt 凯洛格—白里安公约

Brunkhorst, Hauke 豪克·布鲁克霍斯特

Bryde, Brun-Otto 布鲁-奥拓·布莱德

Bund der Vertriebenen 被驱逐者联盟

Bush, George Herbert Walker 乔治·赫伯特·沃克·布什（老布什）

Bush, George W 乔治·沃克·布什（小布什）

Bürgergesellschaft 市民社会

C

CDU 基督教民主联盟

constitutionalism 宪法主义

D

Davidson 戴维森

Demokratiedefizit 民主赤字

Derrida, Jacques 雅克·德里达

Dezisionismus 决断主义

Diskurs 话语

Dogtismus 教条主义

Domestizierung 内政化

Dworkin, Ronald 罗纳德·德沃金

E

Eco, Umberto 翁贝托·艾柯

Edelmann, Marek 马雷克·埃德尔曼

Einflusssphäre 影响领域

Entdifferenzierung 去分化

Entwurzelung 断根（化）

ethnische Säuberung 种族清洗

Ethisierung 伦理化

Ethos 伦理

Extremismus 极端主义

F

Fanatismus 狂热

Fallibilität 可错性

Ferry, Jean Marc 让·马克·菲睿

Finalität 目的性

Fischer, Joseph Martin (Joscha) 约施卡·菲舍尔

Flick, Friedrich 弗里德里希·弗里克

Foucault 福柯

Friedrich II. 腓特烈二世

Fries, Jakob Friedrich 雅克布·弗里德里希·福莱斯

Fröbel, Julius 尤利乌斯·弗洛贝尔

Fukuyama 福山

Fundamentalismus 原教旨主义

G

Gadamer 伽达默尔

Gedächtnispolitik 记忆政策

GATT 关税及贸易总协定
Genfer Konvention 日内瓦公约
Geltungsanspruch 有效性诉求
Gerechtigkeit 公正
Gesellschaftsbürger 社会公民
Gesellschaftsvertrag 社会契约
Guatanamo 关塔那摩
global player 全球参与者
Grimm, Dieter 迪特·格林
Grossraumordnung 大空间秩序
Grotius, Hugo 雨果·格劳秀斯
Grundgesetz 基本法

H

Habitus 惯习
Heilige Allianz 神圣同盟
Held, Daivd 大卫·赫尔德
Heldentum 英雄主义
Hintergrundüberzeugung 背景信念
Historikerstreit 历史学之争
Hobbes 霍布斯
Hobsbawm, Eric 埃里克·霍布斯鲍姆

Hofmann 霍夫曼

Hoheitsraum 管辖空间

Horkheimer, Max 麦克斯·霍克海默

Humanismus 人道主义

I

ICC 国际商会

Idealismus 理想主义

Individualismus 个人主义

Intergouvernementalismus 政府间主义

Internationalismus 国际主义

internationale Fernmeldeunion 国际电信联盟

Interventionsrecht 干涉权

ius ad bellum 开战权

J

Jospin, Lionel 若斯潘

Jus in bello 战时法

K

Kabinettskriege 内阁战争

Kagan, Robert 罗伯特·卡根

Kahn, Paul W 保罗·卡恩

Kaufmann, Erich 艾里西·考夫曼

Kautsky, Karl 卡尔·考茨基

Kelsen, Hans 汉斯·科尔森

Kerneuropa 核心欧洲

Kissinger 基辛格

Kolakowaski, Leszek 莱谢克·柯拉斯科夫斯基

Kommunikation 交往

Koskenniemi 科斯肯涅米

Konstitutionalisierung 宪法化

Konversion 皈依

Kosmopolitismus 世界主义

Kosovo 科索沃

Konstitutionalisierung 宪法化

L

Lamers 拉莫斯

Lasson, Adolf 阿道夫·拉松

Legalität 合法性

Legitimation 合法化

M

MacIntyre 麦金泰尔

Machtpolitik 权力政治

Mediatisierung 附属化

Menschenrecht 人权

Merkel 默克尔

Michnik, Adam 亚当·米奇尼克

Mill, John Stuart 约翰·密尔

Milosevic 米洛舍维奇

Mitscherlich, Alexander 亚历山大·米特舍里希

Mitscherlich, Margaret 玛格丽特·米特舍里希

Moralismus 道德主义

Morgenthau, Hans 汉斯·摩根索

Mulisch, Harry 哈里·穆里士

Mushg, Adolf 阿道夫·穆希格

N

Nationalbewusstsein 民族意识

Nationalismus 民族主义

Nationalitätenstaat 多民族国家

Nationalstaat 民族国家

Naturwüchsigkeit 自然

Nassitijah 纳西里耶

NATO 北约

Naturzustand 自然状态

Neuheide 新英雄

Nizza-Mechanismus 尼斯机制

Normalisierung 常态化

O

Öffentlichkeit 公共领域

Ontologisierung 本体论化

Opportunismus 机会主义

OECD-Gesellschaft 经济合作与发展组织

P

Partikularismus 特殊论

Pathos 激情

Pax Americana 美国治下的和平

Pazifismus 和平主义

Pazifizierung 和平化

Pinochet 皮诺切特

Pluralismus 多元主义

Poenalisierung 刑事定罪

Politische 政治性

Posthistorie 后历史

Pragmatismus 实用主义

Privatisierung 私人化

Proprium 自我统一体

Protoverfassung 原初宪法

Pufendorf, Samuel 塞缪尔·普芬道夫

Putin 普京

R

Rambouillet 朗布依埃

Rationalismus 理性主义

Rationalität 合理性

Rawl, John 约翰·罗尔斯

Realismus 现实主义

Realpolitik 现实政治

Rechtsförmigkeit 依法性

Rechtsfrieden 法律和平

Rechtsmedium 法律手段

Rechtsstaat 法制国家

re-education 再教育

Republikanismus 共和主义

Revisionismus 修正主义

Ricoeur, Paul 保罗·利科

rule of law 法治

Rorty, Richard 理查德·罗蒂

Roosevelt, Franklin D. 富兰克林·D.罗斯福

Rumsfeld 拉姆斯菲尔德

S

Saddam Hussein 萨达姆·侯赛因

Säkularisierung 世俗化

Savater, Fernando 费尔南多·萨瓦特尔

Scharon 沙龙

Scharpf, Fritz 弗里茨·夏普夫

Schäuble 绍布勒

Schmitt, Carl 卡尔·施米特

Schröder 施罗德

Schücking, Walter 瓦尔特·舒金

Selbstbehauptung 自我保存

Selbstbestimmung 自决

Selbstverständlichkeit 自明性

Shoah 大屠杀

Sicherheitsrat 安理会

Sicherheitsstaat 安全国家

Solana 索拉纳

Solidarität 团结

Souveränität 主权

Sprachspiel 语言游戏

Spranger, Eduard 爱德华·斯普朗格

Sprechsituation 言语情景

Srebrenica 斯雷布列尼察

Staatlichkeit 国家性

Staatsbürger 国民

Staatsgewalt 国家权力

Staatskörper 大国体

Staatswillenpositivismus 国家意志实证主义

Staatvolk 国族

Standortwettbewerb 地位竞争

status nascendi 初级形态

Steinbach, Erika 艾瑞卡·施坦巴赫

Stratifikation 分层

Suarez, Francisco 弗朗西斯科·苏阿雷斯

Substantialisierung 本质化

Supermacht 超级大国

T

Taliban 塔利班

Taylor, Charles McArthur Ghankay 查尔斯·泰勒

Telos 目的

Terrorismus 恐怖主义

Theokratie 神权政治

U

UN-Charta 联合国宪章

Unschuldsvermutung 无罪推定

Unilateralismus 单边主义

Universalismus 普遍主义

Universalmonarchie 普遍君主制

Univeralstaat 普遍国家

V

Vatimo, Gianni 吉亚尼·瓦蒂莫

Verbindlichkeit 强制性

Verelendung 贫困化

Verfasssungspatriotismus 宪法爱国主义

Verfassungsrecht 宪法

Verfassungsstaat 宪法国家

Vergemeinschaftung 共同体化

Vernunftrecht 理性法

Verrechtlichung 法律化

Vertrauenskapital 信任资本

Victoria, Francisco de 弗朗西斯科·德·维多利亚

Völkerbund 国际联盟

Völkergemeinschaft 民族共同体

Völkerrecht 国际法

Völkerstaat 万民国家

Volkssouveränität 人民主权

Vorländer, Karl 卡尔·佛兰德

Vorverständnis 前理解

W

Wahrheitsanspruch 真理诉求

Walzer, Michael 迈克尔·沃尔泽

Weltbank 世界银行

Weltbild 世界图景

Weltbürger 世界公民

Weltethos 世界伦理

Weltinnenpolitk 世界内政

Weltgeschichte 世界历史

Weltgesellschaft 世界社会

Weltmachtethik 超级大国伦理

Weltöffentlichkeit 世界公共领域

Weltordnung 世界秩序

Weltpostverein 世界邮政协会

Weltregierung 世界政府

Weltreligion 世界宗教

Weltrepublik 世界共和国

Weltwährungsfond 国际货币组织

Welzer, Harald 哈拉尔德·韦尔策

Willenbildung 意愿形成

Wilson, Woodrow 伍德罗·威尔逊

Wolfowitz 沃尔福威茨

WTO 世贸组织

Z

ziviler Ungehorsam 公民不服从

Zusammenleben 共存

Zwangsarbeiter 强制劳工

Zwangsrecht 强制法

Zynismus 犬儒主义

图书在版编目(CIP)数据

分裂的西方/(德)尤尔根·哈贝马斯(Jürgen Habermas)著；郁喆隽译. —上海：上海译文出版社, 2019.4(2019.8重印)
(译文经典)
书名原文: Der gespaltene Westen
ISBN 978-7-5327-7968-0

Ⅰ.①分… Ⅱ.①尤…②郁… Ⅲ.①欧洲一体化-文集②美国对外政策-研究-欧洲-文集 Ⅳ.①D85-53②D871.20

中国版本图书馆 CIP 数据核字(2019)第 035545 号
本书由上海文化发展基金会图书出版专项基金资助出版

Jürgen Habermas
Der gespaltene Westen
copyright © 2018 by Shanghai Translation Publishing House

图字: 09-2005-314 号

分裂的西方
[德] 尤尔根·哈贝马斯 著 郁喆隽 译
特约编辑/匡 鹏 责任编辑/钟 瑾 装帧设计/张志全工作室

上海译文出版社有限公司出版、发行
网址: www.yiwen.com.cn
200001 上海福建中路 193 号
江阴金马印刷有限公司印刷

开本 787×1092 1/32 印张 8 插页 5 字数 128,000
2019 年 4 月第 1 版 2019 年 8 月第 2 次印刷
印数: 5,001—8,000 册

ISBN 978-7-5327-7968-0/D·119
定价: 48.00 元

本书中文简体字专有出版权归本社独家所有,非经本社同意不得转载、摘编或复制
如有质量问题,请与承印厂质量科联系。T: 0510-86683980

"译文经典"（精装系列）

瓦尔登湖	[美] 梭罗 著 潘庆舲 译
老人与海	[美] 海明威 著 吴劳 译
情人	[法] 玛格丽特·杜拉斯 著 王道乾 译
香水	[德] 聚斯金德 著 李清华 译
死于威尼斯	[德] 托马斯·曼 著 钱鸿嘉 译
爱的教育	[意] 亚米契斯 著 夏丏 译
金蔷薇	[俄] 帕乌斯托夫斯基 著 戴骢 译
动物农场	[英] 乔治·奥威尔 著 荣如德 译
一九八四	[英] 乔治·奥威尔 著 董乐山 译
快乐王子	[英] 王尔德 著 巴金 译
都柏林人	[爱] 乔伊斯 著 王逢振 译
月亮和六便士	[英] 毛姆 著 傅惟慈 译
蝇王	[英] 戈尔丁 著 龚志成 译
了不起的盖茨比	[美] 菲茨杰拉德 著 巫宁坤 等译
罗生门	[日] 芥川龙之介 著 林少华 译
厨房	[日] 吉本芭娜娜 著 李萍 译
看得见风景的房间	[英] E·M·福斯特 著 巫漪云 译
爱的艺术	[美] 弗洛姆 著 李健鸣 译
荒原狼	[德] 赫尔曼·黑塞 著 赵登荣 倪诚恩 译
茵梦湖	[德] 施托姆 著 施种 等译
局外人	[法] 加缪 著 柳鸣九 译
磨坊文札	[法] 都德 著 柳鸣九 译
遗产	[美] 菲利普·罗斯 著 彭伦 译
苏格拉底之死	[古希腊] 柏拉图 著 谢善元 译
自我与本我	[奥] 弗洛伊德 著 林尘 等译
"水仙号"的黑水手	[英] 约瑟夫·康拉德 著 袁家骅 译
变形的陶醉	[奥] 斯台芬·茨威格 著 赵蓉恒 译
马尔特手记	[奥] 里尔克 著 曹元勇 译
棉被	[日] 田山花袋 著 周阅 译
69	[日] 村上龙 著 董方 译
田园交响曲	[法] 纪德 著 李玉民 译
彩画集	[法] 兰波 著 王道乾 译
爱情故事	[美] 埃里奇·西格尔 著 舒心 鄂以迪 译
奥利弗的故事	[美] 埃里奇·西格尔 著 舒心 译
哲学的慰藉	[英] 阿兰·德波顿 著 资中筠 译
捕鼠器	[英] 阿加莎·克里斯蒂 著 黄昱宁 译
权力与荣耀	[英] 格雷厄姆·格林 著 傅惟慈 译
十一种孤独	[美] 理查德·耶茨 著 陈新宇 译

浪子回家集	[法]纪德 著 卞之琳 译
爱欲与文明	[美]赫伯特·马尔库塞 著 黄勇 薛民 译
存在主义是一种人道主义	[法]让-保罗·萨特 著 周煦良 汤永宽 译
海浪	[英]弗吉尼亚·伍尔夫 著 曹元勇 译
尼克·亚当斯故事集	[美]海明威 著 陈良廷 等译
垮掉的一代	[美]杰克·凯鲁亚克 著 金绍禹 译
情人的礼物	[印度]泰戈尔 著 吴岩 译
旅行的艺术	[英]阿兰·德波顿 著 南治国 彭俊豪 何世原 译
格拉斯医生	[瑞典]雅尔玛尔·瑟德尔贝里 著 王晔 译
非理性的人	[美]威廉·巴雷特 著 段德智 译
论摄影	[美]苏珊·桑塔格 著 黄灿然 译
白夜	[俄]陀思妥耶夫斯基 著 荣如德 译
生存哲学	[德]卡尔·雅斯贝斯 著 王玖兴 译
时代的精神状况	[德]卡尔·雅斯贝斯 著 王德峰 译
伊甸园	[美]海明威 著 吴劳 译
人论	[德]恩斯特·卡西尔 著 甘阳 译
空间的诗学	[法]加斯东·巴什拉 著 张逸婧 译
爵士时代的故事	[美]F·S·菲茨杰拉德 著 裘因 萧甘 等译
瘟疫年纪事	[英]丹尼尔·笛福 著 许志强 译
想象	[法]让-保罗·萨特 著 杜小真 译
论自愿为奴	[法]艾蒂安·德·拉·波埃西 著 潘培庆 译
人间失格·斜阳	[日]太宰治 著 竺家荣 译
在西方目光下	[英]约瑟夫·康拉德 著 赵挺 译
辛德勒名单	[澳]基尼利 著 冯涛 译
论精神	[法]雅克·德里达 著 朱刚 译
宽容	[美]房龙 著 朱振武 付远山 黄珊 译
爱情笔记	[英]阿兰·德波顿 著 孟丽 译
德国黑啤与百慕大洋葱	[美]约翰·契弗 著 郭国良 陈睿文 译
常识	[美]托马斯·潘恩 著 蒋漫 译
欲望号街车	[美]田纳西·威廉斯 著 冯涛 译
佛罗伦萨之夜	[德]海涅 著 赵蓉恒 译
时情化忆	[法]米歇尔·布托 著 冯寿农 译
理想国	[古希腊]柏拉图 著 谢善元 译
逆流	[法]于斯曼 著 余中先 译
权力意志与永恒轮回	[德]尼采 著 [德]沃尔法 特编 虞龙发 译
人各有异	[美]E·B·怀特 著 贾辉丰 译
三十七度二	[法]菲利普·迪昂 著 胥弋 译
精神疾病与心理学	[法]米歇尔·福柯 著 王杨 译
纯真年代	[美]伊迪丝·华顿 著 吴其尧 译

我们	[俄] 叶甫盖尼·扎米亚京 著　陈超 译
亚当夏娃日记	[美] 马克·吐温 著　周小进 译
为奴十二年	[美] 所罗门·诺萨普 著　蒋漫 译
美丽新世界	[英] 马克·奥尔德斯·赫胥黎 著　陈超 译
斯万的一次爱情	[法] 普鲁斯特 著　沈志明 译
怪谈·奇谭	[日] 小泉八云 著　匡匡 译
名人传	[法] 罗曼·罗兰 著　傅雷 译
西西弗神话	[法] 阿尔贝·加缪 著　沈志明 译
大师和玛格丽特	[俄] 米·布尔加科夫 著　高惠群 译
人的权利	[美] 托马斯·潘恩 著　乐国斌 译
螺丝在拧紧	[美] 亨利·詹姆斯 著　黄昱宁 译
古代哲学的智慧	[法] 皮埃尔·阿多 著　张宪 译
柏林，亚历山大广场	[德] 阿尔弗雷德·德布林 著　罗炜 译
心灵、自我与社会	[美] 乔治·H.米德 著　赵月瑟 译
生活的意义与价值	[德] 鲁道夫·奥伊肯 著　赵月瑟 译
身份的焦虑	[英] 阿兰·德波顿 著　陈广兴　南治国 译
反抗者	[法] 加缪 著　沈志明 译
沉思录	[古罗马] 马可·奥勒留 著　唐江 译
新教伦理与资本主义精神	[德] 马克斯·韦伯 著　袁志英 译
天才雷普利	[美] 帕特里夏·海史密斯 著　赵挺 译
分裂的西方	[德] 尤尔根·哈贝马斯 著　郁喆隽 译